Teruo Higa

Die wiedergewonnene Zukunft

Effektive Mikroorganismen (EM) geben neue Hoffnung für unser Leben und unsere Welt

OLV Organischer Landbau Verlag

Fachverlag für
Garten und Ökologie

Die Deutsche Bibliothek – CIP-Einheitsaufnahme
Higa, Teruo:
Die wiedergewonnene Zukunft: unser Leben und unsere Welt verändern/
Teruo Higa. Aus dem Japn. übers. von Bernd Göhring. – Xanten: OLV,
Organischer Landbau Verl., 2. Aufl. 2003
Einheitssacht.:Yomigaeru mirai <dt.>
ISBN 3-922201-42-3

0101 deutsche buecherei

Alle Angaben in diesem Buch sind sorgfältig geprüft und geben den neuesten Wissensstand des Autors bei der Veröffentlichung wieder. Eine Haftung des Autors bzw. des Verlages und seiner Beauftragten für Personen-, Sach- und Vermögensschäden ist ausgeschlossen.

»YOMIGAERU MIRAI« by Teruo Higa
Copyright © 2000 by Teruo Higa
Original Japanese edition published by Sunmark Publishing, Inc., Tokyo, Japan
German translation righst arranged with Sunmark Publishing, Inc., Tokyo trough
InterRights, Inc., Tokyo

Deutsche Ausgabe: © 2. Auflage 2003 Organischer Landbau Verlag Kurt Walter Lau,
Mölleweg 5, D-46500 Xanten, Telefon 0 28 01/7 17 01, Telefax 0 28 01/7 17 03, E-Mail:
info@olv-verlag.de, Internet: www.olv-verlag.de
Übersetzung: Bernd Göhring
Lektorat: Edith und Wolfgang Sassenscheidt
Umschlaggestaltung: OLV Verlags GmbH unter Verwendung eines Fotos von Mauritius Die Bildagentur, Mittenwald, Bild Nr. 03526963
Satz: OLV Verlags GmbH
Druck: Interpress
ISBN 3-922201-42-3

Inhaltsverzeichnis

Prolog

Mikroorganismen sind im Begriff, die Umwelt auf der Erde drastisch zu verändern

Vor etwa 20 Jahren wurden einige Gruppen von Mikroorganismen auf einem Rasenstück vor meinem Labor an der Ryukyu Universität in die Welt gesetzt. Mittlerweile vermehren sie sich überall auf der Welt und verbessern die Umwelt. Diese Gruppen von Effektiven Mikroorganismen (kurz: EM) sind inzwischen weit verbreitet bis in die USA, die Europäische Union, Südostasien, Afrika, Mittel- und Südamerika.

Es hieß einmal, dass sich die so genannte »Entropie« nur in eine Richtung entwickeln würde, was für uns Menschen eine Weltuntergangsvision bedeutet hätte. Aber mit dem Beginn der Verbreitung von EM können sogar Quellen von Umweltverschmutzung zu Ressourcen werden, und unsere Umwelt kann mit Hilfe von EM gereinigt werden. Unser Ziel ist es, eine Welt der »Syntropie« zu schaffen. Das Wort »Syntropie« mag für viele fremd klingen (mehr darüber im 4. Kapitel). Ich hab diesen Begriff als Gegenwort zur »Entropie« vorgeschlagen. Es ist der Kernbegriff der »Wiedergeburt« (über die ich in diesem Buch sprechen möchte.) Die Natur hilft uns, ihn zu verstehen, denn es ist ganz klar, dass dieses Phänomen der Wiedergeburt in der Natur existiert. Syntropie verstehen heißt, die Natur beobachten. Die Anwendung von EM führt zur Realisation der syntropischen Welt. Was bedeutet das?

Nehmen wir als Beispiel die Landwirtschaft: In näherer Zukunft brauchen wir lediglich zu säen, um eine gute Ernte zu erreichen. Die hohen Produktionskosten fallen weg. Wenn wir intensiv mit EM arbeiten, können wir die Weltbevölkerung ausreichend ernähren. Ein gutes Beispiel ist Nordkorea. Das Land litt Anfang der neunziger Jahre unter großem Lebensmittelmangel. Lange war es von chemischem Dünger und Pestiziden abhängig, wovon aber viel zu viel ausgebracht wurde. Dadurch war der landwirtschaftlich genutzte Boden in Nordkorea völlig erschöpft. So ging die Landwirtschaft unter, und die Bevölkerung litt unter schrecklichem Nahrungsmittelmangel. Internationale Presseagenturen berichteten darüber, wie arm das Land war und dass die Bevölkerung kaum zu essen hatte. Aber das war damals. Diese Situation dauerte etwa bis 1998. Im Herbst 1999 gelang es Nordkorea dann, deutlich mehr Lebensmittel zu produzieren als in den vorherigen Jahren. Das Problem wurde mit einem Schlag gelöst. Man hatte eigentlich angenommen, dass die landwirtschaftlichen Probleme so komplex und strukturell begründet seien, dass es lange Zeit bräuchte, sie zu lösen. Aber trotz des großen Mangels an Energie, an Pestiziden, chemischem Dünger und Maschinen gelang es der Landwirtschaft, sich nach dreijährigem Einsatz von EM vollständig zu erholen. (Dies führe ich in Kapitel 2 aus.) Mit diesem Beispiel lässt sich erklären, wie gewaltig die Kraft von EM zur Lösung des Nahrungsmittelmangels sein kann.

Zudem werden mit EM die Abwässer der Haushalte und Fabrikanlagen gereinigt, wodurch die Flüsse sauberer werden, sodass zukünftig in den Meeren die verschiedensten Fischarten in reichen Mengen gefangen werden können. In der Ariake-Bucht und dem Seto-Binnenmeer sind durch großzügigen Einsatz von EM die Flüsse und Seen bereits wieder völlig gereinigt worden. Die schon einmal völlig verschwundenen Bestände von Miesmuscheln und Kaki sind revitalisiert worden, was die Einwohner der Gegend natürlich hoch erfreut. Die Möglichkeit, Flüsse und Seen überhaupt zu reinigen, verdanken wir nicht nur dort dem unermüdlichen Einsatz vieler freiwilliger Helfer.

Wir verwenden EM sowohl im ersten als auch im zweiten Produktionssektor auf zunehmend breiterer Basis. Der Einsatz von EM-X (ein aus EM gewonnenes Antioxidans) macht in der Lebensmittelverarbeitung und Konservierung entsprechende Zusätze völlig überflüssig. Nun werden veredelte, die Gesundheit fördernde Produkte eingesetzt. Konservierende Zusatzstoffe standen von Anfang an unter dem Verdacht, schädlich und kanzerogen zu sein; die Umwelthormone warfen bezüglich ihrer Unschädlichkeit viele Fragen auf.

Mit der Verwendung von EM, EM-X und EM-X-Keramik als Zusatz in Baumaterial wird an Gebäuden der Zerstörung durch Oxidation Einhalt geboten. Zudem wird dadurch die Haltbarkeit der Materialien um ein Vielfaches gesteigert. Alle Probleme mit Farben, Zement, Armierung und schädlichen Substanzen im Innenbereich sind einfach zu lösen. Das zu einem großen gesellschaftlichen Problem gewordene »Sick House Syndrom« (Krankheiten durch belastende chemische Stoffe in Gebäuden) ist leicht zu lösen. Auch bei Überempfindlichkeit gegenüber chemischen Stoffen erzielen wir eine große Wirkung.

Bei Automobilen werden der Wirkungsgrad der Verbrennungsmotoren nachhaltig erhöht und zudem die Abgase gereinigt. Die problematischen Rußpartikel des Dieselmotors können zu vernünftigen Kosten vollständig beseitigt werden. Bei Strom lassen sich im Endeffekt etwa 20 bis 30 Prozent einsparen, elektrische Geräte werden langlebiger und Batterien halten viel länger. Die segensreiche Wirkung von EM können wir auch bei unserer Kleidung, bei Nahrungsmitteln und in unserem Wohnumfeld erleben; alles wird gesünder und obendrein billiger.

Auch die Probleme mit Dioxin und PCB können gelöst werden
Im Umweltbereich lässt sich EM wirkungsvoll gegen unangenehme Gerüche bei der Kompostierung von Bioabfällen, bei der Abwasserreinigung, bei Verschlammung und der Umwandlung von organischen Stoffen in multifunktionalen organischen Dünger einsetzen. Auch bei der Lösung des schwierigen Problemfeldes der Umweltbelastung durch Dioxin und PCB sind wir weitergekommen. Noch immer übersteigt die in Japan freigesetzte Menge an Dioxinen bei weitem das, was in Vietnam als Entlaubungsmittel zum Einsatz gekommen ist. Über 60 Prozent der Agrarpestizide sind Grundstoffe für Umwelthormone. Es wird immer deutlicher, dass sich die in Medizin und Alltag verwendeten chemischen Substanzen in zunehmendem Maße in Umwelthormone verwandeln.

Mit der EM-Technologie wird in Müllverbrennungsanlagen nicht nur der Dioxinausstoß zu vertretbaren Kosten auf ein gesetzlich zulässiges Maß gesenkt, sondern auch die Verbrennungsrückstände werden zu vielseitig verwendbaren Rohstoffen recycelt. Die bereits in der Umwelt befindlichen Dioxine, Umwelthormone und Pestizide sind im Hinblick auf ihre Schädigungen der normalen Lebensfunktionen von Lebewesen und dem Hormonstoffwechsel zu einer tief greifenden gesellschaftlichen Frage geworden. Es ist jedoch bereits jetzt deutlich, dass eine weitere, umfassendere Verbreitung und Anwendung von EM diese Fragen leicht lösen könnte. Es ist belegt, dass EM toxische chemische Substanzen aufbrechen und unschädlich machen kann, dass es den negativen Auswirkungen von radioaktiver Strahlung, statischer Elektrizität und schädlicher elektromagnetischer Strahlung entgegenwirkt. Die Behauptung, dass die EM-Technologie die Probleme der globalen Umweltverschmutzung lösen kann, ist keinesfalls übertrieben.

Eine ähnliche Dimension für unser Leben nimmt die Frage nach der ärztlichen Versorgung ein. Auch hier kann EM größte Beiträge leisten. Wo ärztliche Kunst im finalen Stadium von Krebs nichts mehr ausrichten kann, kann EM-X als bedeutende Hilfe zum Einsatz kommen. Für Aidskranke, Patienten in durch schwere Krankheiten unerträglichen Lebensumständen, bei Maßnahmen gegen Antibiotika resistente Organismen und bei der Bekämpfung von Infektionskrankheiten, Allergien, Heuschnupfen, Überempfindlichkeit gegenüber chemischen Stoffen, Bekämpfung von Infektionen im Krankenhausbereich – kurzum auf dem Feld medizinischer Hygiene sind EM und EM-X zu einem unverzichtbaren Bestandteil geworden. Ob Pflanze, Tier oder anorganische Substanz – mit EM findet alles wieder zu sich. DasErfrischungsgetränk EM-X kann nicht nur bei Diabetes und Krebs, sondern z.b. auch in Tschernobyl zur Bekämpfung von Leukämie angewendet werden. Uns wurde aus Amerika berichtet, dass ein junges Mädchen, das an der seltenen Krankheit PCD (dabei funktionieren die feinen Härchen von Lunge und Nase nicht) nach Einnahme von EM-X wieder ein gesundes Leben ohne weitere Medikamenteneinnahme führen kann. *Dr. Tanaka* berichtet in seinem Buch »EM-X« ausführlich von Heilerfolgen mit EM-X. Ich kann die Lektüre dieses Buches nur empfehlen.* Auch bei EM gab es eine Entwicklung. Zuerst gab es nur EM 1, bald darauf folgte das Erfrischungsgetränk EM-X, das für die Industrie entwickelte EM-Z, dann EM-X-Keramik und EM-Z-Keramik. EM-Z und EM-Z-Keramik vermindern, wie bereits erwähnt, die Abgase und reinigen die Atmosphäre. Sie führen zu beträchtlichen Senkungen der Heizkosten. Angefangen bei Kunststoff kann die EM-Technologie bei allen möglichen Rohstoffen angewendet werden; ihr Einsatzbereich wird stetig breiter, zudem wurde die Haltbarkeit verbessert. Materialien zum Hausbau sowie Möbel und Teppiche können erheblich langlebiger werden.

Ich bin der Überzeugung, dass das 21. Jahrhundert für die Menschheit durchweg positiv sein wird. Viele Menschen haben angesichts der mannigfaltigen Probleme hohe Erwartungen an das neue Jahrtausend. Auf Grund meiner jahrelangen Forschungen und den Erfahrungen mit der Anwendung von EM bin ich felsenfest davon überzeugt, dass alle global zu lösenden Fragen der Menschheit, wie kompliziert sie auch sein mögen – Hunger, Armut, Krankheit, Wiederherstellung der Natur etc. mit Hilfe von EM gelöst werden können – ganz im Sinne meines Grundsatzes: »Alle Menschen dieser Welt müssen die Wirkung von EM verstehen und es aktiv anwenden.«

Wollen wir durch Fermentierung gute oder durch Fäulnis schlechte Mikroorganismen haben?
Ich glaube, dass mit den bisherigen Ausführungen das Interesse an der Frage geweckt wurde, was letztendlich »Effektive Mikroorganismen« sind.

---

* »EM-X – Über die heilende Kraft von Antioxidantien aus Effektiven Mikroorganismen« von *Dr. Shigeru Tanaka*, ISBN 3-922201-41-5, Xanten 2003

Einfach gesagt, sind es Photosynthesebakterien, Hefepilze und Milchsäurebakterien, d.h. nützliche Mikroorganismen, die alle von jeher in der Lebens-
mittelherstellung angewendet werden.

Was beim Menschen gilt, gilt auch bei Mikroorganismen. Wenn sich die
»negativen« Phänomene vermehren, geschehen negative Dinge; vermehren
sich die »guten«, kommt es zu positiven Reaktionen. Lässt man z.b. Milch
oder Bohnen »links liegen«, beginnen sie ganz gewöhnlich zu faulen. Mit
den üblen Gerüchen geht eine Oxidation einher, bei der aggressiver akti-
vierter Sauerstoff entsteht und die rasante Vermehrung schädlicher Mikroorganismen.

Dagegen können aus der gleichen Milch und den Bohnen mittels Milchsäurebakterien und Natto-Pilzen Joghurt bzw. gegorene Bohnen werden.
Bei diesem Prozess bilden Mikroorganismen Antioxidantien, verhindern
Fäulnis, reduzieren die molekulare Struktur organischer Substanzen und er-
leichtern die Absorbtion. Das geschieht auf Grund der starken Antioxidationskraft der nützlichen Mikroorganismen.

Geht man dem Unterschied zwischen Fäulnis und Fermentierung nach,
sticht einem sogleich der unterschiedliche Geruch in die Nase. Fäulnis
stinkt grässlich, Fermentierung riecht ausnehmend gut. Der Gestank wird
durch Schwefelwasserstoff, Methan und Ammoniak hervorgerufen; beim
Verzehr schlecht gewordener Lebensmittel kommt es zu Durchfall und Le-
bensmittelvergiftungen. Ihre Reduktion produziert aktivierten Sauerstoff
und Freie Radikale. Isst man über einen längeren Zeitraum Lebensmittel,
die nicht mehr frisch sind, kommt es zu vorzeitigem Altern und zu den be-
kannten Zivilisationskrankheiten.

Die mit gutem Geruch einhergehende Fermentation bildet dagegen Aminosäuren, Vitamine, Zucker und Antioxidantien, sodass alles auch gut
schmeckt. Je länger fermentiert wird, desto reicher sind die Nahrungsmittel
an wertvollen Nährstoffen. Wie man hier sieht, passiert bei Mikroorganismen vollkommen Gegenteiliges, abhängig von der Wirkungsweise der
Enzyme, die sie produzieren, was man schon im Alltag feststellen kann.

EM als Fermentationsförderer ist eine komplexe Mischung aus Mikroorganismen, die auf vielen Gebieten dank ihrer guten Eigenschaften hilfreich
sein kann. Nehmen wir z.B. die häuslichen Abfälle. Einmal weggeworfen,
entwickeln sie bei ihrer Verwesung üble Gerüche, wohingegen sie bei Auf-
bewahrung unter Anwendung von EM fermentiert werden. Fermentierte
Küchenabfälle ergeben qualitativ hochwertigen Dünger, sind also ein
Bodenverbesserer, der Nutzpflanzen hervorragend wachsen lässt. EM regt

die Aktivität der im Boden befindlichen nützlichen Mikroorganismen an und ermöglicht so eine mit herkömmlicher, an Kunstdünger orientierter Landwirtschaft nicht erzielbare Erntemenge.

Und noch eins: Durch das Wirken der Mikroorganismen sind bedeutende Entdeckungen gemacht worden. So haben viele Mikroorganismen »opportunistische« Eigenschaften. Darunter versteht man, dass sie einer vorgegebenen Richtung folgen. Viele Mikroorganismen haben offenbar diese Neigung. Dominante Mikroorganismen geben z.b. anderen Mikroorganismen »Anweisungen« wie: »Rechts herum, links herum!« usw.

Im menschlichen Darm leben rund 100 verschiedene Arten von Mikroorganismen; die Anführer dort sind die nützlichen Bifidus-Bakterien. Die Anzahl der schlechten, wie die Welch-Bakterien (*Clostridium perfringens*), ist nur gering. Alle anderen leben in der Abhängigkeit von den gerade dominierenden Mikroorganismen. Um etwa den Magen wieder in Ordnung zu bringen, nimmt man entweder Bifidus-Bakterien oder man trinkt EM, womit die Wirkung der vorhandenen Bifidus-Bakterien gesteigert werden kann.

In gleicher Weise bestimmt EM, wenn es in ausreichender Menge aufs Feld ausgebracht wird, dass die meisten Bakterien im Boden die gleiche Richtung wie EM einschlagen müssen. Dabei darf man nicht vergessen, dass der Prozess auch in die andere Richtung laufen kann.

Mikroorganismen werden auch mit der Umweltverschmutzung fertig
Kultiviert man solche Bakterien unter Beigabe von Antioxidantien wie EM-X, das aus EM gewonnen wird, dann verlieren sie ihre negative Wirkung. Die pathogenen Coli-Bakterien oder andere pathogene Keime werden zu normalen Coli-Bakterien bzw. zu Opportunisten, sodass sie keine Gefahr mehr darstellen. Diese können dann sogar ihre pathogenen Artgenossen unterdrücken.

In EM sind die photosynthetischen, anaeroben Bakterien die Bosse. Als »Mikroorganismen alten Typs« haben sie bereits in grauen Vorzeiten auskömmlich auf unserer Erde gelebt, als es noch keinen Sauerstoff gab. Damals hatten sie mit Stickstoff, Methan, Ammoniak und Schwefelwasserstoff reichlich Nahrung. Auf diese Nahrung möchte ich die Aufmerksamkeit lenken, denn das sind die Faktoren der Umweltverschmutzung unseres Zeitalters! Bevor die Mikroorganismen, die als Nahrung Sauerstoff benötigen, auf den Plan traten, herrschten diese anaeroben Mikroorganismen in Form von Photosynthesebakterien vor. Sie fraßen das, was heute Umweltbelastungen sind: Stickstoffgase, Methan, Ammoniak und Schwefelwasserstoff. Ihre Ausscheidungen wie Stickstoff, Wasser, Aminosäuren, Zucker und Schwefel wurden die Basis für die Fortentwicklung der Lebewesen. Später wandelte sich die Erde in eine der aeroben Mikroorganismen. Die anaeroben Mikroorganismen verschwanden, weil sich der von ihnen produzierte Sauerstoff immer weiter ausbreitete. Anfänglich waren die anaeroben Mikroorganismen noch mit Nahrung gesegnet und gediehen immer prächtiger. Sie wurden jedoch wegen fehlender »Abfallbeseitigung« in das Hinterzimmer dieser Erde abgedrängt. Ihr Schicksal könnte der von uns Menschen geschaffenen Situation stark ähneln.

Würde man diese Mikroorganismen noch einmal hervorholen und sie gemeinsam mit uns leben lassen, dann würden sie mit Freude die Regulierung der von den Menschen erzeugten Schmutzstoffe übernehmen. Wo EM großzügig angewendet wird, lösen sich Pestizidrückstände, Dioxine und alle weiteren Verschmutzungsstoffe allmählich auf.

Recycling ist nicht unbedingt der Weisheit letzter Schluss
In der Abfallthematik lautet die gegenwärtige Hauptthese, der Abfall ist soweit wie möglich zu recyceln. Jedoch ist in einer Zeit, wo mit einer gigantischen Produktion eine ebenso große Abfallmenge einhergeht, Recycling mit Sicherheit nicht die beste Lösung.

Solange Abfall und andere Wegwerfprodukte rücksichtslos produziert werden, wäre es das beste, sie ihren Liebhabern zu überlassen – nämlich den Effektiven Mikroorganismen. EM löst dieses Problem mit Freude und betätigt sich für uns als Müllvernichter. Mit dieser Verbindung zum gegenseitigen Wohlergehen werden Abfälle und Verschmutzungen, über die wir unser Gehirn zermartern, in neue, unschädlicher Ressourcenquellen verwandelt.

Die grundlegende Wirkung von EM liegt in seiner Antioxidationskraft und den damit gekoppelten magnetischen Resonanzwellen. Über die Wirkung der Antioxidantien, denke ich, wissen wir mittlerweile gut Bescheid. Der Zustand der Umwelt verschlimmert sich, immer mehr Menschen werden krank, auf uns unverständliche Weise entsteht Rost, Maschinen werden defekt mit den entsprechenden Nachfolgeschäden, es kommt zu weiteren unvorhergesehenen Problemen – dies alles sind Folgen der Oxidation. Ihr setzt sich eine einzige Kraft entgegen – die Antioxidation. In jedem Fall unterbindet sie die anstehende Zerstörung. Wenn diese bereits eingetreten ist, birgt sie die Kräfte, diese Zerstörung rückgängig zu machen.

EM erzeugt Polyphenol, das übrigens auch im Wein enthalten ist, und das bei der Energieumwandlung eine große Rolle spielende Ubichinon. Diese Substanz ist eine Vorstufe von Vitamin E, das die in den Mitochondrien entstehenden Freien Radikale abbindet. So verstanden, erschwert EM-X das Entstehen von Krebs; nicht selten wird so ein Krebs noch im Frühstadium zum Verschwinden gebracht. Die Ursache eines Krebses liegt darin begründet, dass mit der Oxidation die Gene in ihrer Tätigkeit eingeschränkt werden. Das ist allgemein anerkannt. All dies macht die Wirkungsweise der Antioxidantien von EM einigermaßen verständlich.

Die Wirkungsweise von magnetischen Resonanzwellen ist allerdings noch nicht völlig geklärt. Treffen Wellen auf Magnetismus, entwickeln sie eine Resonanz und aktivieren sich; konkret: es entstehen magnetische Resonanzwellen. Ein trüber, verschmutzter Teich kann soweit sauber werden, dass man wieder bis auf den Grund sehen kann. Mit EM werden Tomatensträucher winterfest, sie ertragen sogar Schnee und bilden dabei noch Früchte aus. Die Gerbera, die bisher ihre Blätter verlor und mit nackten Stängel überwinterte, blüht nun auch in der kalten Jahreszeit. Das sind völlig unerwartete Phänomene.

Treffen nun andere Wellen auf magnetische Resonanzwellen, werden alle aufeinander abgestimmt, und es kommt zu einer gleich schwingenden Energie. Hierbei lässt sich das Phänomen der Vektorenveränderung feststellen, das beim Auftreffen von radioaktiven Wellen keine weiteren Schäden entstehen lässt. EM kann daher auch als Gegenmaßnahme zu den Schädigungen in Tschernobyl angewendet werden. Dieser Abwehrschutz vor Strahlenschäden ist bereits vor drei Jahren verstanden worden. Über die Verminderung von Radioaktivität wissen wir erst seit kurzem. Eine über Jahre fortgesetzte Gabe von EM war in der Lage, die Radioaktivität um 15 Prozent zu verringern.

Strahlung, starke Temperaturveränderungen und auch Erdbeben sind starke Energieträger, die durch magnetische Resonanzwellen in eine gemeinsame Schwingung gebracht werden können. Deshalb sollte bei einer starken Energieeinwirkung wie bei einem Erdbeben ein solches Resonanzfeld zur Vermeidung von Erschütterungen und zerstörerischen Schwingungen aufgebaut werden. In der Stadt Takarazuka in der Provinz Hyogo gibt es ein Restaurant, bei dessen Errichtung EM im Baumaterial an verschiedenen Stellen verwendet worden war. Während eines Erdbeben entstanden erhebliche Schäden in der Nachbarschaft, auch ein Stockwerk des dahinter liegenden Parkdecks stürzte ein. Als reiner Pfeilerbau war die Konstruktion des Restaurants eigentlich zum Einsturz verdammt gewesen, aber in diesem Haus stürzte nicht einmal ein Regal um. In letzter Zeit erhalten wir zunehmend solche Berichte.

Je mehr EM und EM-X-Keramik verwendet wird, desto größer ist auch die darin angesammelte Menge an Antioxidantien; daneben werden die magnetischen Resonanzwellen im gleichen Maße stärker. Wenn dieses Phänomen ein gewisses Niveau erreicht hat, wird es auch zu dramatischen Verbesserungen im Umfeld kommen. Auf Ackerflächen stellt sich ein gleichmäßiges Wachstum ein. Treten bei Obstbäumen Resonanzwellen auf, tragen sie bis zur Spitze hinauf Früchte, überall in gleicher Farbe und Größe - die Folge des Gleichklangs der Resonanzwellen. Ungleiches Gedeihen während des Wachstums zeugt von unsynchronen Wellenbewegungen. Für den Einsatz von EM bedeutet dies, dass es so lange angewendet werden muss, bis die Wellen synchron laufen.

Wenn ich Briefe erhalte, in denen steht, dass man selbst mit EM keine Wirkung erzielt hat, antworte ich stereotyp, dass die Anwendung solange zu erfolgen hat, bis sich eine Wirkung zeigt. Manchmal ist zu hören: »Wenn man den Higa fragt, sagt er immer nur, anwenden, bis sich was zeigt.« Da bin ich ganz rigoros: »EM schadet niemals.« Ein Scheitern ist unmöglich, solange EM benutzt wird. In einem Buch »Alles über Higa« kommt ein Absolvent meines Forschungsinstituts zu Wort: «Bei Prof. Higa gibt es kein Scheitern! Wieso? Weil man hier bis zum Erfolg arbeitet!« Wenn ich das von mir selbst sagen würde, klänge das irgendwie komisch, es trifft aber den Kern.

Die veränderte Gesellschaft – vom Prinzip der Konkurrenz zu dem der Koexistenz

Im 21. Jahrhundert wird die Menschheit vor die Lösung dreier großer Probleme gestellt werden: Hunger, Armut und Umweltzerstörung. Diese Fragen werden nur im globalen Rahmen zu lösen sein. Hierfür gibt es primär ein absolutes Muss: Die auf schärfster Konkurrenz basierende Gesellschaftsstruktur muss verändert werden.

Keineswegs behaupte ich, dass Wettbewerb ganz und gar schlecht ist. Aber in den existentiell wichtigen Bereichen der menschlichen Existenz – Nahrung, Umwelt, Ressourcen – ist er schädlich und inakzeptabel. Die Menschheit muss in die Lage versetzt werden, ohne Ansehen von Religion, Rasse oder politischem System ein Beziehungsgeflecht für gemeinsames gedeihliches Wohlergehen aufzubauen.

Die Menschheit müsste einträchtig in Wohlstand leben können. Diesem Gedanken wird wohl niemand ernsthaft widersprechen wollen, denn das ist der Wunsch eines jeden Menschen. Im Widerspruch dazu erzeugen aber oft Ängste vor dem Verlust des Existenzminimums oder Druck des verschärften Wettbewerbs Unfrieden, der wiederum zu Verschmutzung und Umweltzerstörung führt. Das zu verhindern ist Sache der Religionen und des Idealismus, aber es wird uns auch nicht erspart bleiben, unseren Lebensstil so zu verändern, dass es bei einer wachsenden Bevölkerung nicht zu einer Technologie weiterer Ressourcenverschwendung kommt, die die Umwelt letztlich zerstört. Eine bequeme Plastiktüte wird rasch zu Abfall, Abfallverbrennung erzeugt das Umweltgift Dioxin und zerstört so Leben. Das Verbrennen von Erdöl verseucht die Luft, Kunstdünger und Pestizide in der Nahrungsmittelproduktion schwächen die Böden, die Endprodukte selbst bergen Gefahren, und eine intensive Tierhaltung zerstört durch Gestank und Abfälle unseren Lebensraum. Was wir auch tun, als Folge bleibt die Umweltverschmutzung, die letztendlich zum Zusammenbruch führen wird. Am Ende stände dann die Welt der Entropie.

Inmitten all dieser Umweltvernichtungsszenarien ist auf eines noch gar nicht hingewiesen worden: die »Verschmutzung« durch Mikroorganismen. Wirtschaftswachstum, Bevölkerungszuwachs und die damit verbundenen Probleme der Hygiene und die nachfolgenden Desinfektionsmaßnahmen vermehren optimal die Zahl der Mikroorganismen, die eine oxidierte Umwelt lieben. Diese bilden einen Verbund. Alles hängt dann mit diesen schädlichen Mikroorganismen zusammen: Dass wir krank werden; dass Pflanzen und Tiere von »Schädlingen« befallen werden und dass sich die Situation der Umwelt weiter verschlimmert; dass Eisen rostet; dass Probleme mit Kunststoffen verschärft werden; dass Gebäude altern und vorzeitig kaputt gehen. Mit dem Auftreten von EM können wir nun aber wieder hoffnungsvoller auf diese Vorgänge schauen. Wenn man diese üblen Mikroorganismen verdrängen könnte, würden Menschen, Tiere und Pflanzen nicht mehr erkranken, würde Eisen nicht mehr rosten, und würden Gebäude nicht so schnell marode werden.

Da Mikroorganismen für unsere Augen nicht sichtbar sind, glauben wir Menschen, wir ständen in keinem Bezug zu ihnen. Aber über 90 Prozent der Verschlechterungen und der Zerstörung von Substanzen in unserem Lebensumfeld hängen unmittelbare mit diesen degenerativen Mikroorganismen zusammen. Die Lösung aller großen Fragen der Menschheit steht im Zusammenhang mit einer Umwelt, in der sich diese Mikroorganismen vermehren können. Sie tragen Oxydase in sich, die aktivierten Sauerstoff und Freie Radikale erzeugt; zusammen mit anderen Substanzen verstärken diese den Vergiftungsgrad der Umwelt und erhöhen die Gefährlichkeit der chemischen Substanzen und der Schwermetalle im Boden. Wie wir wissen, trägt der saure Regen seinen Teil noch dazu bei. Um das zu verhindern, müssen wir die Vermehrung der positiven Mikroorganismen unterstützen. Glücklicherweise kann EM eben dies. Wenn EM seine Kräfte voll entfaltet, kann die Verschmutzung mit Leichtigkeit gestoppt und schließlich eliminiert werden. So können wir das ursprüngliche, gesunde Antlitz der Erde zurückgewinnen.

Freiwilligkeit ist unerlässlich, um die Welt zu verbessern
Ich habe bereits früher für die Zukunft unseres Globus eine günstige Prognose gestellt. In meinem 1993 erschienen Buch »Eine Revolution zur Rettung der Erde« machte ich die Aussage, dass EM die Probleme der Nahrungsversorgung, Umwelt, Medizin, Gesundheit, Ressourcen und Energie lösen wird. Das war damals ein völlig neuer Ansatz und die Resonanz auf das Buch war beträchtlich; die Auflage lag bei über 480 000.

Schon damals tauchten Zweifel und kritische Stimmen hinsichtlich der Realisierbarkeit auf. Ich hatte mein Buch als öffentliches Versprechen verstanden. In den sieben Jahren seither ist bereits vieles davon eingetroffen. Für unseren Erdball zeichnet sich mittlerweile die strahlende Zukunft der Syntropie ab. Das japanische Außenministerium würdigt diese These in der Weise, dass es eine Zusammenstellung von 30 Videos bestellt hat, die auf dem Treffen der G 8 auf Okinawa im Jahr 2000 an mehreren tausend »Meinungsmultiplikatoren« aus Übersee verteilt wurden.

Mein Buch wurde nach der Drucklegung auch ins Englische übersetzt und auf der ganzen Welt verbreitet. Fakt ist, dass Englisch die Weltsprache Nr. Eins ist. Um aber eine noch breitere Resonanz auszulösen, sollte es in weitere Sprachen übersetzt werden. 1996 erschien es in Thai, Koreanisch, Chinesisch und Holländisch. Im Jahr 2000 kam eine deutsche Übersetzung heraus. Ganz besondere Bedeutung kommt hierbei der Verbreitung in Europa, dem in Umweltfragen äußerst fortschrittlichen Kontinent, zu.

Mein Motto lautete stets, dass EM der beste Freiwillige ist. Mit EM erreichen wir eine pestizidfreie Landwirtschaft, von der die dort Beschäftigten gesund leben können. Nimmt die Verschmutzung des Wassers ab, verbessert sich der ökologische Zustand des Meeres. Mit der Reinigung im Umfeld der Land- und Fischereiwirtschaft werden auch die Konsumenten,

die diese Produkte verzehren, wieder gesünder. Ich betone ganz ausdrücklich diese Verknüpfung. Dafür haben wir keine besseren Helfer als EM.
Das gleiche gilt auch für die Viehwirtschaft. Der Gestank nimmt ab und
auch der Verbrauch an Antibiotika sinkt. Die Qualität der Milch, der Eier
und des Fleisches, das von Tieren kommt, die in einem EM-Millieu leben,
ist deutlich besser und gesünder. Auch Hautallergien sind in einer solchen
Umgebung kein Thema mehr. Wir können des weiteren Mist und Gülle fermentieren und damit gute landwirtschaftliche Erzeugnisse produzieren.
EM reinigt zusätzlich das Wasser der Flüsse. Es ist so ein gesellschaftlicher
Segen. Wir behandeln in der Küche die Abfälle mit EM, fermentieren und
vermehren EM mit dem Waschwasser von Reis und geben es dann in den
Abfluss. Eine solche Einstellung führt nicht nur zur täglichen Reinigung
von Wasser als Abfallverminderung, nein, man schließt sich somit der besten Umweltbewegung an, die zur Verschönerung unseres Planeten beiträgt.
Wir geben eine Lebensweise, die nur Schmutzwasser erzeugt, auf, zu Guns-
ten einer Lebensform, die die Umwelt reinigt. Jeder Mensch, der sich daran
beteiligt, wird mit einem erfüllten Leben beschenkt werden.

Es wäre gut, wenn ein Volk es als Pflicht empfände, EM anzuwenden.
Jeder sollte sich von Kindesbeinen an damit beschäftigen. Daher stellen wir
Textmaterial für den Schulunterricht zur Verfügung. Eine Freiwilligenbewegung zur Umwelterziehung mit EM ist in Japan bereits höchst aktiv, denn
zur Verbesserung der Umwelt ist die Arbeit der Freiwilligen an der Basis
unerlässlich. Um die Menschen für diese großartige Sache zu gewinnen,
braucht es einen Geist der Freiwilligkeit, der keine Gegenleistungen fordert. Die Verbreitung von EM in Japan liegt in den Händen von Freiwilli-
genzentren mit der entsprechenden Basisarbeit. Bei jeder Gelegenheit sollten diejenigen, die sich bereits mit EM auskennen, die Neuanfänger
versuchen mitzureißen, sagen, wie toll EM ist, und die Menschen auf diese
Weise zum Weitertragen der Idee animieren.

In jüngster Zeit ist neue Verstärkung aufgetaucht. Es sind ehemalige
Topleute aus Wirtschaft und Verwaltung, die die Altersgrenze erreicht
haben und fragen: »Können wir nicht unentgeltlich und mit unserer Hände
Arbeit helfen, die Umwelt zu sanieren?« – Ist das nicht ein wunderbarer
Standpunkt? Eine solche Bewegung nennt sich »Lasst uns das Seto-
Binnenmeer säubern.« Wir finden über das ganze Land verteilt viele solcher ermutigenden Anzeichen. Die Umweltbewegung des Parlamentsabge-
ordneten *Hamabuchi Takao* hat das Land in 100 Bezirke eingeteilt, wobei
ein Führungsgremium von 20 Personen festlegt, welches Thema jeweils in

den einzelnen Bezirksgruppen behandelt werden soll. Es handelt sich ausschließlich um Freiwillige.

Nach nunmehr zwei Jahren ist die Bewegung auf 200 Personen angewachsen, die bereits erste Erfolge nachweisen können. Selbstverständlich nutzen sie das an EM bestehende Interesse, um ihre Losung »Gemeinsam leben – gemeinsam prosperieren – für eine neue Gesellschaft« auf dieser landesweiten Plattform zu propagieren. Sie begannen Resultate zu erzielen, die meine kühnsten Träume übertroffen haben.

Immer mehr Gemeinden und Kommunen wollen EM in ihre Arbeit integrieren. Zu diesem Zweck haben sich interessierte Städte und Kommunen auf dem EM-Gipfel im Januar 2000 auf Okinawa präsentiert. Über 1000 Personen aus 46 Städten und Kommunen und aus 22 Präfekturen nahmen daran teil. Das Treffen stand unter dem Motto: »Saubere Umwelt und Aufbau der Städte mit EM«. Auf diesem Kongress wurden viele profunde und interessante Berichte vorgelegt.

Staatliches und privates Interesse ist für die Reinigung von Haushaltsabwässern unabdingbar

Die Stimmung in unserem Land gegenüber EM hat sich völlig gewandelt. Im Mai 1999 brachte der Haushaltsausschuss des Parlamentes in Zusammenhang mit dem Anti-Dioxin-Gesetzentwurf durch Herrn *Junichi Fukumoto* eine »Anfrage in Zusammenhang mit der EM-Technologie« ein.

Zuvor hatte ich bereits einige Male Gelegenheit, diversen Arbeitsgruppen des Parlaments EM vorzustellen und Erklärungen abzugeben. Dabei schlug mir von der starken Anti-EM-Bewegung äußerste Zurückhaltung, ja dumpfes Zurückweisen entgegen. Erst als die Bevölkerung ihre ganze Aufmerksamkeit dem Dioxin zuwandte, wurde auch diesen Volksvertretern mit einem Schlag klar, worum es letztlich ging.

Sahei Miyashita, der ehemalige Gesundheitsminister, antwortete mir: »Ich werde demnächst EM einer konstruktiven Prüfung unterziehen.« Das war das erste konkrete Anzeichen von Beweglichkeit seitens der Bürokratie. Bis dahin hieß es, in welcher Behörde ich auch vorsprach: »Weshalb kommen Sie?« Meistens folgte ein unsicheres Lachen. Das hat sich inzwischen allerdings geändert. Auf die Frage der Beamten: »Ich bin daran interessiert, eine Studie über EM zu erstellen. Bitte erzählen Sie mir doch, usw.«, wird mir aufmerksam und konzentriert zugehört.

Im Mai des gleichen Jahres wurden Seminare für die Jiyu-to Partei (Freiheitliche) und die Komeito Partei veranstaltet. Auch dorthin schickten das

Ministerium für Landwirtschaft, Forsten und Gewässer, das Gesundheitsministerium und das Umweltministerium nun ihre jeweiligen Abteilungsleiter oder Assistenten in die Sitzungen der Seminargruppen.

Ich weise hier bereits auf den großen Beitrag von EM bei der Lösung der Nahrungsproblematik in Nordkorea hin. Ich bin Herrn *Nonaka,* einem ehemaligen Büroleiter, und weiteren wichtigen Leuten der Politik dankbar, dass sie frühzeitig die Bedeutung von EM anerkannt haben.

Heute gibt es konkrete Resonanz aus jedem der betroffenen Ministerien. Das Bauministerium etwa erkannte in EM eine neue Methode der Bautechnik. Mit EM werden nun Maßnahmen zur Schmutzbeseitigung und Kompostierung, im Straßenbau und bei der Entsorgung von biologischen Restabfällen in öffentlichen Parks ergriffen. Mittlerweile versteht man auch gut, dass Flüsse mit EM gereinigt werden können. Das Umweltministerium sieht die großen Verdienste von EM bei der Dioxinbeseitigung, der Vernichtung von chemischen Schadstoffen im Boden usw., sowie bei dem Erreichen positiver Ergebnisse im Umweltschutz. Das Gesundheitsministerium wollte daraufhin mehr Daten über die Dioxinbeseitigung haben. Außerdem kam mir zu Ohren, dass unter der Verwaltung des Gesundheitsministeriums eine kombinierte Kläranlage offenbar mit guten Erfolg mit EM betrieben wird.

Da ist es doch problematisch, wenn es aus dem Ministerium für Landwirtschaft und Fischerei heißt, es seien für die Fischerei gute Ergebnisse erzielt worden und gleichzeitig aus der Landwirtschaft verlautet:»In Japan ist nicht ein einziges Mal ein positives Ergebnis erreicht worden.« Dann antworte ich:»Viele Staaten in Übersee verwenden EM, und Forschungseinrichtungen belegen die Wirksamkeit. Und dann sollten in Japan allein keine guten Ergebnisse möglich sein? Wenn wir in Japan EM flächendeckend einsetzen, könnte man das Landwirtschafts- und das Fischereiministerium auflösen.« Dann wird es im Saal meist ganz still.

Wie mir immer wieder zugetragen wird, suchen die Herrschaften in den Ministerien nun zunehmend die Zusammenarbeit mit EM. Ihnen brennt die Problematik der Endlagerung von Haushaltsmüll und Produktionsabfällen auf den Nägeln, denn es zeichnen sich zunehmend Engpässe ab. Ganz überraschend beträgt Klärschlamm heute fast 50 Prozent der industriellen Produktionsrückstände. Würde man diesen Klärschlamm mit EM behandeln, würden die Mikroorganismen die Menge auf die Hälfte reduzieren, der verbleibende Rest könnte durch nochmalige Behandlung in höherwertigen, qualitätsvollen Dünger verwandelt werden. In aller Regel setzt die

Regierung allerdings auf die Verbrennung als effektivste Methode der Abfallbeseitigung. Eben das führt jedoch zu einem neuen Problem: dem Dioxin. Es ist sonnenklar, dass die damit verbunden Fragen und Befürchtungen noch unsere Kinder und Enkel beschäftigen werden.

Lösung von Umweltproblemen

Schwärme von Fischen durch die Reinigung des Seto-Binnenmeeres in Japan

In der Provinz Aichi, an der Mikawa-Bucht, liegt die Stadt Ishiki. Dort gibt es einen landwirtschaftlichen Betrieb, der seit längerem EM anwendet. Sein Abwasser fließt in die Mikawa-Bucht. Als es dann vor fünf, sechs Jahren durch einen roten Strom von Blutalgen zu einer völlig überraschenden Vernichtung der Fischbrut kam, bedeutete das einen großen Schlag für die Fischer. In dem Bereich aber, in den das EM geflossen war, hielt sich der Schaden in Grenzen, die Bestände der Asari- und Shijimi-Muscheln erholten sich dort sehr rasch. Bald darauf kam es jedoch zu erneuten Blutalgeninvasionen.

In deren Folge richtete sich nun auch die Aufmerksamkeit breiter Bevölkerungskreise auf dieses Phänomen, und viele begannen, bei sich zu Hause mit EM fermentiertes Reiswasser in der Badewanne und in der Toilettenspülung zu verwenden. Selbst die Fischer nahmen dieses mit EM fermentierte Reiswasser in großen Mengen mit hinaus auf die See, um es dort in ihren Fischgründen auszubringen.

Seitdem sind, ausgehend von den Schulen, im Einzugsgebiet der Mikawa-Bucht eine Reihe von Freiwilligengruppierungen entstanden, die alle zur Reinigung der Bucht kooperieren. Bei der Reinigungsaktion des Flusses Rokutome ist vor allem die Gruppe der Grundschule Midori Gaoka aus Okazakii, der Elternbeirat und der Lions Club involviert. Das ganze hat das Ausmaß einer fröhlichen Umweltbewegung angenommen.

So wie Aids die Menschen aufschreckte und nach Verhaltensänderungen verlangte, hat auch der Einsatz von EM das Leben dieser Einwohner verändert, hier jedoch in positiver Weise, denn mit der Verbesserung der Wasserqualität gehen nun ganz neue Möglichkeiten für die Fischerei einher.

Die Verschmutzung des Meeres in diesem Gebiet rührt von der Schmutzfracht der Flüsse her. Das aus den Bergquellen stammende Wasser ist ursprünglich rein, es wird erst unterwegs vom Menschen verschmutzt. Diese Abwässer aus Haushalten und Fabriken verunreinigen das Meerwasser so sehr, dass dies letztendlich wieder auf den Menschen zurückschlägt.

Wie bereits im Vorwort erwähnt, wurde die »United Networks for Earth Enviroment«, kurz: »U-Net«, eine Organisation aus Freiwilligen, gegründet, die mit Hilfe von EM den Zustand der Umwelt verändern wollen. 2000

Menschen aus den unterschiedlichsten Unternehmen und Parteien, verschiedensten Ideenpools und Religionen, gleichgültig ob links oder rechts, wollen hierbei ganz einfach nur Helfer sein. Sie haben im Januar 1998 an der konstituierenden Sitzung teilgenommen, 1999 erfolgte dann die Anerkennung als NPO (non-political-organisation = gemeinnütziger Verein) durch die Regierung.

Diese Organisation hat sich das Land in zehn Bezirke aufgeteilt und für jedes Gebiet einen Vorsitzenden bestimmt. Jeder Bezirk wählt sich ein geeignetes Thema aus, worauf er seine Arbeit konzentriert. Da die Landstriche Chugoku und Shikoku aufgeteilt wurden, aber eigentlich von der Systematik her zusammengehören, kooperieren sie unter dem Thema:»Das Seto-Binnenmeer säubern« bei verschiedenen Projekten.

Die Vorsitzenden der verschiedenen Gebiete versammeln sich in zweimonatigem Turnus in Tokio und berichten dort ausführlich über die Aktivitäten der ihnen anvertrauten Gruppen. Nach nun nicht einmal zwei Jahren sind bereits augenfällige Erfolge zu verzeichnen. Ich möchte hier über die gegenwärtige Lage bei der Reinigung des Seto berichten.

Welche Aktivitäten wurden konkret durchgeführt? Aus dem kürzlich entwickelten EM-Fermenter wird eine entsprechende Menge in die jeweilige Quelle der Verschmutzung gegossen. Exemplarisch möchte ich hier die Aussage eines Freiwilligen anführen, der sich voll und ganz der Sache verschrieben hat und »nicht eher sterben will, bis der Seto wieder sauber ist«.

Anfänglich waren die Leute der Meinung, dass dazu vielleicht hundert Jahre nötig sein könnten. Diese niederschmetternde, pessimistische Prognose ließ jedoch bei den Freiwilligen den starken Wunsch zur Erfüllung ihrer Aufgabe wachsen:»Lasst uns um unserer Kinder und Enkel willen anpacken und den ursprünglichen Reichtum und die Schönheit unseres Meeres zurückholen.«

Tatsächlich nahmen sie sich der Sache mit ganzem Herzen an, und schon bald waren die ersten Erfolge sichtbar. Auf Vorschlag von Herrn *Kunimi Sanou* von der Shikoku-Sektion des U-Net wurde im Mai 1998 in Imabari in der Provinz Ehime eine Versammlung zum allgemeinen Meinungsaustausch über die Revitalisierung der Umwelt im Gebiet des Seto-Binnenmeeres abgehalten. Bei dieser Gelegenheit nahmen sich drei Freiwillige der Herausforderung an, die Schlammschichten auf dem Grund des Flusses Atsuya zu reinigen. Imabari ist als Stadt der Farben mit den entsprechenden Fabriken bekannt. Diese drei Freiwilligen schütteten nun an der größten Farbenfabrik jeden Tag 80 Liter EM in den Fluss, um damit eine tägliche

Wasserfracht von 800 bis 1000 Tonnen zu behandeln. Nach einem Jahr waren die ca. 3000 Tonnen Schlammschicht auf dem Grund des Flusses verschwunden.

Nun war das Flusswasser auch wieder für die Landwirtschaft verwendbar. Bis dahin stanken die Wassergräben grässlich, das Wasser selbst war von schlechter Qualität. Nur ein Jahr später waren Qualität und Ernteertrag deutlich verbessert. Auch der Reis erfuhr eine höhere Qualitätseinstufung.

Im Juni 1999 haben städtische Bedienstete von Imabari eine Organisation gebildet, in die jeweils ein Vertreter pro Abteilung als EM-Verantwortlicher entsendet wird, der sein spezifisches Programm zur Verbreitung von EM darstellt. Nun ist der Schlamm des Atsuya völlig verschwunden, das Brauchwasser für die Landwirtschaft ist von vorzüglicher Qualität, am Mittellauf leben wieder große Schwärme von Karauschen und Zahnkarpfen, am Unterlauf ist wieder wie einst die Meeräsche heimisch. So ist aus einem einstigen Schmutzgewässer ein ökologisch reiches Wassersystem geworden.

Dieses erfolgreiche Flussreinigungsprojekt ist nicht nur im lokalen Rahmen, sondern für das gesamte Gebiet rund um den Seto zum Motor für viele weitere Aktionen zur Verbesserung der Wasserqualität geworden.

In fünf Jahren ist der Seto ein schönes und fischreiches Gewässer
Im Mai 1999 tagte die »Seto-Umweltrevitalisierungsversammlung« in der auf der Insel Oshima in der Provinz Ehime gelegenen Stadt Yoshiumi. Dort nahmen auch die Frauengruppen aus den Fischereikooperativen aktiv teil.

Auf der Rückfahrt kam ich in Matsuyama vorbei, um an einem Forum unter dem Titel »Das Leben vor Umwelthormonen bewahren« teilzunehmen. Die Universität Aichi ist bekannt dafür, an der Spitze der Dioxin-Forschung zu stehen. Unter der Leitung der Professoren *Wakimoto* und *Tanabe* widmete sich dieses Forum ganz den Maßnahmen gegen Dioxine. Als Koordinator wirkte Herr *Fukumoto,* der sich mit ganzer Kraft einem Entwurf zur Bekämpfung von Dioxin widmete. Herr Fukumoto ist Assistenzprofessor der Universität Ehime und gilt als Wasserspezialist. Nach Ende des Forums wurden wir einander vorgestellt und bei dem folgenden Abendessen mit Gouverneur *Kada* kam es zu einem lebhaften Gespräch über Dioxin und die Reinigung des Seto durch EM-Aktivitäten. Von allen Anrainern des Seto hat die Provinz Ehime die längste Küstenlinie, von daher war der Wunsch von Gouverneur Kada nach einer engeren Kooperation sehr verständlich. Aus den anfänglich vorgesehenen eineinhalb Stunden wurden durch die eifrigen Fragen des Gouverneurs drei Stunden. Gleich am folgenden Tag wurden auf der Sitzung der Abteilungsleiter umfassende Umwelt-schutzmaßnahmen erlassen, die den Einsatz von EM einbezogen. Durch die Hartnäckigkeit von Herrn Kada wurden die in der Provinz Ehime besonders stark wirkenden Anti-EM-Kräfte entscheidend geschwächt. In Imabari, Saijo und vielen anderen Orten wurde in der Folgezeit unter der Leitung des Vizegouverneurs eine Reihe neuer Projekte mit EM angestoßen. Als Beispiel nenne ich hier die Reinigung des Flusses Kuma in der Stadt Matsuyama.

Dort wurde eine recht simple Methode angewandt. Unter Mitarbeit einer Lebensmittelfabrik, die ihre Abwässer in den Fluss abzuleiten pflegte, wurde EM in das Mehr-Kammer-Klärsystem eingebracht und so mit dem Abwasser vermischt. Das gleiche Verfahren wandte man übrigens auch in Imabari an. Nach einigen Monaten war die schlammige Bodenschicht des Flusses verschwunden, und die Wasserqualität zeigte sich erheblich verbes-sert. Unzählige Fische fanden so wieder neuen Lebensraum. Nach den Untersuchungsergebnissen von Spezialisten hatte sich das Ökosystem auf breiter Basis verbessert. Als Gouverneur Kada von dieser positiven Verän-derung erfuhr, stellte er noch für das laufende Jahr 40 Millionen Yen für Projekte mit EM zur Verfügung. In seiner Verlautbarung hieß es, sein Ziel sei die Schaffung einer umweltfreundlichen Präfektur mit Hilfe von EM. Inzwischen hat sich eine ganze Reihe Gouverneure von Anrainerpräfektu-ren kooperativ an der Verbreitung von EM beteiligt, um so auch ihren Lan-deskindern diese Vorteile zukommen zu lassen.

Auf dem langen Weg hin zur Lösung der Dioxinfrage und der Reinigung der Böden durch EM können wir auf die aktive Mitarbeit von Prof. Waki-moto vertrauen und hoffnungsvoll auf zukünftige Resultate warten. Ich habe vollste Zuversicht, dass wir in einem Zeitraum von fünf Jahren durch die Zentrierung unserer Umweltaktivitäten auf die Ursachenbeseitigung die Schädigungen des Seto grundlegend beheben können.

Daher möchte ich detailliert über die Umstände berichten, die zur Grün-dung von Nori-Kulturen (Seetang) und Fischfarmen in Utsumi und Tajima führten. Diese Aktivitäten stehen mit der EM-Bewegung in den Städten rund um den Seto in engem Zusammenhang.

Ein Gewinn von zehn Millionen Yen durch die Ernte von Seetang und Herzmuscheln
Utsumi und Tajima sind kleine Inseln im Mündungsbereich des Flusses Ashida bei Fukuyama. Vor etwa 35 Jahren hatte man dort mit der Kultivie-

rung von Nori (Seetang) begonnen. Damals bot ein sauberes Meer noch beste Bedingungen für ein opulentes Wachstum.

Aber nachdem an der Mündung des Ashida ein Damm errichtet worden war, stauten sich dort die Haushaltsabwässer und anderes Klärwasser und schädigten im höchsten Maße den Seetang, der dadurch seine markante Farbe verlor. Eine Algenplage drohte die ganze Zucht zu vernichten. Vor Ort hatte man bereits vieles ausprobiert, um der Plage Herr zu werden, doch nichts hatte geholfen. Im Jahre 1997 erfuhren örtliche Geschäftsleute von EM; sie ließen sich sogleich die Anleitungen der Koordinationsgruppe für EM-Aktivitäten in Hiroshima schicken, vergewisserten sich der Mitarbeit von Freiwilligen und ließen Samen, Setzlinge und erwachsene Pflanzen des Mooses behandeln. Damit konnte dem langjährigen Übel der Algen ein wirksamer Schlag versetzt werden, sodass die Triebe des Seetang langsam wieder zum Vorschein kamen. Den erstaunten Besuchern dieser Gegend sprang die Produktivitäts- und Qualitätssteigerung sofort ins Auge.

Dazu muss man wissen, dass bei den diversen Verarbeitungsstufen von Nori viel Wasser verbraucht wird, was den Algen zu blühendem Wachstum verhilft. Von daher müssen die Rohre und Filteranlagen permanent und zeitaufwändig gereinigt werden. Auf Grund der möglichen Vermehrung von Kolibakterien mussten Chlor und zur Unterbindung der Schaumbildung andere Chemikalien eingesetzt werden.

Aber dies alles erübrigte sich mit dem Einsatz von EM. Das Nori war nun dunkel, sein Umfang größer, es war zarter und vorzüglich im Geschmack. Üblicherweise wird Nori erst nach der Ernte getrocknet, durch das Eintauchen in Wasser gewinnt es dann seine auffällige rote Färbung. Nach einer Behandlung mit EM bleibt diese Verfärbung aus, da es nun viele Antioxidantien enthält.

Ich möchte noch von Nori-Züchtern in Tashima berichten, die sich den Kopf über die schlechte Wasserqualität und deren Folgen zermartert hatten. Sie hörten dann von den überaus guten Erfahrungen mit EM in Kyushu. Mein Rat hieß: »Nehmt bitte zur Verarbeitung von Nori EM. Die Qualität wird sich deutlich verbessern«. Als Rezept empfahl ich EM 1 plus Melasse zur Aktivierung.

Unter der fleißigen Aufsicht von Herrn *Murase* aus der EM-Gruppe in Hiroshima vervielfältigte sich die Produktion von Nori auf eine tägliche Erntemenge von 40 Tonnen. Darüber hinaus blieb der einst zentimeterdicke Schlick durch das ins Meer fließende EM-Wasser bis heute aus. Auch dort tummeln sich wieder viele Fische.

In Tajima hat man vor drei Jahren begonnen, mit EM Nori zu kultivieren. Die oben geschilderten Erfolge waren auch hier nicht das einzig Sichtbare, das Meer in der Umgebung gewann seine alte Schönheit zurück. Die schon seit über zehn Jahren nicht mehr im offenen Meer gesichtete Torigai-Muschel trat nun wieder in großen, ertragreichen Mengen auf. Allein daraus erzielte die Fischereikooperative von Tajima einen jährlichen zusätzlichen Gewinn von 40 Millionen Yen. Die bis dahin nicht gerade florierende Kooperative bekam damit wieder finanziellen Boden unter die Füße. Jedes einzelne Mitglied strich einen Bonus von 100 000 Yen ein.

Die dortige Nori-Zucht lässt etwa 20 000 Tonnen EM-aufbereitetes Wasser ins Meer ab. Herr Kaneda, der in Japan mit diesem Kultivierungs- und Verarbeitungssystem großen Erfolg hatte, behauptet zu Recht und aus vollster Überzeugung: »Ich als einzelner habe es fertig gebracht, das Meer sauberer zu machen. Würden alle zwölf Nori-Züchter so handeln, wären das 240 000 Tonnen. Täten alle Nori-Züchter am Seto das Gleiche, wäre das Meer nach drei Jahren für uns eine reich gedeckte Festtafel«.

In der Gemeinde Uchimi wird durch die »silberhaarigen Freiwilligen« das »hundertfach nutzbare EM« verkauft und an jeden Haushalt ausgeliefert, dann dort mit dem Reis-Waschwasser fermentiert und über die Abflüsse in Küche, Bad und Toilette wieder abgelassen. Überall ist hier EM in Gebrauch, alle Abwässer werden so mit EM behandelt. Noch 1998 stanken hier nach Sturmfluten die Ablagerungen grässlichst, aber bereits 1999 war das Vergangenheit. Hier gibt es nun Fische in Hülle und Fülle. Wo man sich früher im Sommer noch die Nase zuhalten musste, kann man heute in der Abendkühle den Anblick der Fische genießen.

Miesmuscheln und Tintenfische gedeihen, das Meer wird wieder sauber und schön

Ganz allgemein gesprochen, benötigt man EM auf jeder Stufe der Qualitätsverbesserung des Wassers, aber es genügt ja schon, wenn nur einer von zehn Menschen EM benutzt. Die Aussage: »Ich allein kann doch nichts machen«, gilt hier nicht. Jeder Einzelne kann eine Leistung für zehn erbringen, auf dem Terrain der Geruchsbeseitigung kann er sogar für fünfzig arbeiten. Das hat sich in Korea, auf der Insel Cheju und anderswo erwiesen. Sobald man EM einsetzt, multiplizieren sich die effektiven Mikroorganismen.

Seit dem Frühjahr 1999 können die Einwohner der Gemeinde von Uchimi auf den vorgelagerten Inseln etwas Ungewöhnliches beobachten. Plötzlich tauchen hier wieder Miesmuscheln auf, deren Fleisch vorzüglich ist!

Für uns war es sonnenklar, dass man nach dem Einsatz von EM Miesmuscheln in rauen Mengen sammeln könnte.

Es ist doch zu schade, das stärkehaltige Waschwasser von Reis einfach wegzuschütten. Mit EM versetzt sollte es besser über die Miesmuschelkulturen fließen. Jetzt ist es sogar wieder möglich, auch in den Buchten Tintenfische zu fangen, und das zum ersten Mal seit zwanzig Jahren. Es werden überraschend viele davon gefangen. Ihre Zunahme bedeutet auch die Zunahme von Krebsen und Muscheln. Gefangen wird einerseits in Ufernähe und andererseits in der See. Bislang war der Fang draußen auf dem Meer reicher, aber 1999 bildete die erste Ausnahme von der Regel: Der Fang auf dem Meer blieb gleich, aber in Ufernähe wurde eine größere Menge als zuvor gefangen. Daneben tauchten nur an diesen Ufern entlang der Inseln große Schwärme von Tintenfischen auf. Die Anwohner sind durch das schiere Ausmaß dieser Entwicklungen völlig überrascht worden. Im Jahre 2000 ist die Wirkung von EM aber eine gesicherte Tatsache geworden, weil außerhalb des Gemeindegebietes von Uchimi solche Phänomene bisher nicht beobachtet wurden.

Die anfänglich gegenüber EM noch ziemlich reservierten Inselbewohner haben nun festes Vertrauen in EM gefasst und wenden es aktiv an. Dies hat wiederum den Kommunen, die mit EM eine Modernisierung der Städte forcieren wollen, immensen Auftrieb gegeben. Darüber hinaus verfolgen Kommunen und Gemeinden verschiedener Präfekturen wie Osaka, Hyogo, Okayama, Hiroshima und Yamaguchi, die Aktivitäten von U-Net sehr aufmerksam. Dort laufen nun immer mehr Anfragen ein.

Die Abwassermenge einer Kläranlage einer durchschnittlichen Kommune beträgt täglich etwa zwischen 100 000 und 300 000 Tonnen. Bei dieser Größenordnung könnten die Kosten bei Einsatz von EM unter die Hälfte des herkömmlichen Niveaus sinken, wobei keine speziellen Einrichtungen notwendig wären, sondern nur große, kontinuierlich arbeitende EM-Fermentationsbehälter. Wenn eines Tages alle Abwässer um den Seto-Binnensee mit EM behandelt würden, wäre es nur eine Frage der Zeit, bis der Seto ein sauberes, reiches und in richtigen Sinne ein Rohstoffe zirkulierendes Meer sein wird.

Wenn Freiwillige helfen, nimmt die Zahl der effektiven Mikroorganismen zu

Die Verbreitung von EM in Japan ist zum großen Teil das Verdienst von Freiwilligen an der Basis. Im Zentrum steht die Beschäftigung mit Fragen, die die Landwirtschaft betreffen, insbesondere die des ökologischen Landbaus, aber auch Kontakte zu internationalen Forschungseinrichtungen und vieles mehr. Die Freiwilligengruppen, die sich seit Jahren um die Förderung von EM verdient gemacht haben, arbeiten völlig zum Nulltarif. Diese unbezahlten Helfer haben in den jeweiligen Regionen eigene Büros eröffnet, wo sie u.a. auch ihre jährliche Große Versammlung abhalten. Daneben haben die in Osaka beheimatete KCC (Kansei City College)-Studiengruppe und das in der Präfektur Mie angesiedelte »Kommunikationszentrum für EM-Technologie« angefangen, eigenständige Aktivitäten zu entwickeln. Überall kommt es nun zu Diskussionsforen über die EM-Forschung.

Das EM-Netzwerk blickt bereits auf eine fünfjährige Erfahrung zurück; es arbeitet in über 500 Sozialeinrichtungen und Werkstätten des ganzen Landes mit, wobei es z.b. auch für Rehabilitationsmaßnahmen für Behinderte sorgt, um damit seiner gesellschaftlichen Verantwortung gerecht zu werden. Insbesondere das in Werkstätten und Einrichtungen erzeugte EM-Bokashi wird nicht nur zu einer bedeutenden Einnahmequelle, es leistet auch einen wichtigen Beitrag zum Abfallrecycling und zur Abfallvermeidung. Durch die tagtägliche Kommunikation können die Bürger in den Wohlfahrtseinrichtungen neue Kontakte knüpfen. Eine Gruppe von Herren im Umfeld von Herrn *Mukoyama* unternimmt freiwillig den Versuch, mit pädagogischen Methoden in Schulen die Umwelterziehung mit EM aktiv voranzutreiben. Die entsprechenden Ergebnisse werden in einer Fachzeitschrift publiziert.

In der Provinz Nagano haben EM-erfahrene Kinder Erwachsenen beigebracht, wie man mit EM-Bokashi Hausmüll und mit EM Wasser behandelt. (Dies sei hier nur als Beispiel für diese neue Lehrmethode angeführt.) Die EM-Bewegung in den dortigen Mittelschulen hat die Art der Umweltpolitik komplett verändert. Auf diese Weise hat EM Einzug in den Umweltkunde-Unterricht vieler Schulen Japans gehalten. Auf dem vor drei Jahren abgehaltenen EM-Frauenkongress nahm die Frage nach der richtigen Organisationsform den zentralen Platz ein. Daneben wurden die Dioxinproblematik, das Hausmüllrecycling und die Gewässerreinigung thematisiert. Seitdem wird ein solcher Kongress im jährlichen Turnus abgehalten, auf dem die entsprechenden Themen leidenschaftlich diskutiert werden.

Die von der EM-Frauenorganisation propagierte Bewegung »Von der Quelle der Umweltverschmutzung zur sauberen Umwelt« hat im Handumdrehen auf das ganze Land übergegriffen und so eine unerwartet starke Frauenpower bewirkt. Durch ihr Engagement ist es im ganzen Land in vielen Gewässern zu einer reichlichen Vermehrung der Fische und gleichzeitig zum Verschwinden von geruchsintensiven Umweltverschmutzungen gekommen.

Obwohl diese Wiederbelebung des Ökosystems im Wasserbereich augenfällig ist, gibt es noch immer so genannte Spezialisten, die das zwar aufmerksam registrieren, sich aber nicht durchringen können, dass diese Erfolge auf EM zurückzuführen sind.

Mit Hilfe des EM-Fermenters kommen Mikroorganismen in großer Zahl ins Meer

»Hausmüll und Recycling«, »Unsere Stadt verschönern« etc. sind Bewegungen, in denen EM eine zentrale Rolle spielt. Gemeinnützige Vereine setzen sich für diese Ziele ein, werden anerkannt, wodurch sich die Zusammenarbeit mit den politischen Institutionen immer reibungsloser gestaltet. Das Betätigungsfeld der Freiwilligen im Umweltbereich weitet sich ständig aus. Immer mehr Menschen greifen beim Einkauf zu EM-Produkten, auch die Zahl der Internetzugriffe steigt stetig. Für das bereits erwähnte Netzwerk U-Net setzt ein Exekutivkomitee die Themen in den jeweiligen Gebieten fest und nimmt für deren Realisierung den Kontakt zur Politik auf. Das Netzwerk der EM-Gruppen wird zunehmend dichter. Die meiste Aufmerksamkeit erregen gegenwärtig die bereits erwähnten Aktivitäten des U-Net in Shikoku, vertreten durch Herrn *Kunimi Sanou,* der bei der Revitalisierung der Umgebung des Seto-Binnenmeeres eine bedeutende Rolle gespielt hat, ferner die Gruppe in Aomori mit den Herren *Seiichi Narita* und *Masato Kimura* für den Bereich der Mutsu-Bucht. In der Kanto-Region haben sich alle Organisationen auf Präfekturebene zusammengeschlossen und ernsthaft mit Beratungen über die Säuberung des Suwa-Binnensees in der Provinz Nagano begonnen.

Das geschieht auf folgende Weise: Zum einen wird ein mobiler EM-Fermenter an Klärwerken installiert, sodass ein stetiger EM-Zufluss gewährleistet ist. Zum anderen werden die Haushalte der Anrainer des Suwa und des Tenryu-Flusses angeleitet, ihr stärkehaltiges Reis-Waschwasser mit EM zu fermentieren und in die Abflüsse zu geben.

Ich erinnere mich noch sehr gut an ein Gespräch vor sechs oder sieben Jahren über die Sanierung des Suwa. Damals trug ich erstmals vor, ihn durch EM im Abwasser zu reinigen. Die Verantwortlichen lehnten das damals mit der Begründung ab, hierfür gebe es keine Vorbilder. Ich fand diese Einstellung schon damals sehr bedauerlich. Heute können wir Dutzende von Beispielen mit erwiesenermaßen praktikablen Systemen mit dem EM-Fermenter anführen. In diesen Fermentationstank gebe ich Wasser, dann die Basissubstanz EM 1; hinzu kommt Melasse – nach fünf bis zehn Tagen ist EM fertig, jedoch mit der hundertfachen Menge Mikroorganismen (»hundertfacher Nutzen«). Man füllt sich zwei oder drei Liter in eine Plastikflasche, die dann für zwei bis drei Monate reicht. Das kostet jeden Haushalt etwa 200 bis 300 Yen. Die Flüssigkeit plus Melasse und Waschwasser vom Reis verhundertfacht sich so zu Hause. Dies verwendet man in Toilette, Bad, Küche und vielen weiteren Orten. Zu guter Letzt fließt dann alles ins Meer hinaus.

Der Fermenter »Hundertfacher Nutzen« ist auch für die Bedürfnisse der Landwirtschaft bestens geeignet, sodass er auch dort von Anfang an in großem Maßstab anwendet wurde. Sein Einsatz verbessert Flüsse, Teiche und Seen und dient zur sicheren Behandlung von Produktionsabfällen; ja selbst am Bau kommt er zum Einsatz. Kurzum, die Anwendungspalette ist breit.

Die Schlacht um die Sauberhaltung von Flüssen und Meeren hat nun das ganze Land erfasst. Die »Versammlung der Vertreter der japanischen Umwelt« und die »Versammlung der Vertreter der Fischereiwirtschaft der Städte und Dörfer« sind aktiv beteiligt. Weitere Selbsthilfegruppen beginnen, ihre Aufmerksamkeit auf diese Aktivitäten zu richten.

Kein Klärschlamm bei der Abwasserreinigung mit EM
Im Januar 2000 wurde in Okinawa der erste EM-Gipfel unter dem Motto »Umweltreinigung und die Städte« abgehalten, an dem Vertreter von 46 Städten aus 22 Präfekturen teilnahmen. Es wurde über Erfahrungen in der Anwendung von EM vor Ort berichtet. Ich möchte hier acht Beispiele für den sinnvollen Einsatz von EM bei der Wasserreinigung anführen.

Beginnen wir mit der Stadt Esanjo auf Hokkaido. Die vierzig Kilometer östlich von Hakodate gelegene Stadt ist ein einzigartiges Zentrum für Riementangfischerei entlang der Küste. In den letzten Jahren war die eingebrachte Ernte auf Grund der Meeresverschmutzung drastisch zurückgegangen. Die Ursache hierfür lag vor allem in den ungeklärten Haushaltsabwässern.

Esanjo als kleine Gemeinde von etwa 5000 Einwohnern bedauerte, sich die Errichtung einer Kläranlage aus finanziellen Gründen nicht leisten zu können. Zufällig bot sich mir die Gelegenheit, dort einen Vortrag zu halten. Mein Rat lautete folgendermaßen: »Anstatt das viele Geld in eine Kläranlage zu stecken, ist es sinnvoller, in den Haushalten den Biomüll mit EM zu behandeln, den daraus entstehenden Flüssigdünger mit dem Reis-Waschwasser zu mischen. So erhält man bessere Resultate als mit diesen teuren Einrichtungen.«

Meine Worte fielen bei dem Bürgermeister, Herrn *Tadaaki Yamada,* auf fruchtbaren Boden. Er stellte daraufhin allen Haushalten seiner Stadt kostenlos einen EM-Kompostierungseimer sowie EM-Bokashi zur Hausmüllbehandlung zur Verfügung. Wie immer sollte auch das Reiswasser behandelt werden. Gleichzeit verfügte er, dass Daten über die Veränderungen im Meerwasser gesammelt werden sollten. Die Stadt wurde nun immer lebendiger, die Aussichten rosiger.

Alles steht dort zwar noch am Anfang, und bisher liegen noch keine aussagekräftigen Berichte vor, aber wie man hört, läuft alles erfolgversprechend an. Im Frühjahr 1999 sind auf der Höhe der Mündung des Flusses Teshio riesige Herings- und Seelachsschwärme aufgetaucht; leider war man aber nicht auf so etwas vorbereitet und sah sich gezwungen, die Fische einfach ziehen zu lassen. Es ist anzunehmen, dass dies die Folge des EM-Einsatzes war. Vor vier Jahren habe ich in der Stadt Rumoi (Präfektur Hokkaido) gesagt:»In drei Jahren kommen die Heringe zurück und Seelachse werden wieder in großen Schwärmen auftauchen. Lassen Sie EM in den Fluss geben, und verwenden Sie EM in der Viehhaltung!«

Das gleiche gilt für die Stadt Tomamaecho. Im Mündungsbereich des örtlichen Flusses treten nun wieder häufiger Dorsche und Heringe auf. Bei einem Vortrag im September 1999 auf Hokkaido sagte ich:»Dieses Jahr gibt es noch wenig zu fangen. Wartet mit euren Netzen noch bis nächstes Jahr.«

Wieso stand mir diese Entwicklung so sonnenklar vor Augen? Auf Grund des Resultates bei der Reinigung des Flusses Ainoya bei der Stadt Toride in der Präfektur Ibaraki. Dort hatte man die Abfälle aus der Schulkantine mit EM behandelt und die anfallende Flüssigkeit dann mit aktiviertem EM angesetzt. Die über 30 Zentimeter dicke Schlickschicht am Boden des Flusses löste sich allmählich auf. Der Ainoya ist mit dem Tone verbunden, aus dem viele große Karpfen flussaufwärts in den Ainoya ziehen. Diese großen Erfolge waren nur deshalb möglich, weil der Bürgermeister von Toride, Herr *Ohashi Yukio,* ein tiefes Verständnis von EM besitzt.

Immer wieder habe ich betont, »dass man EM am besten direkt in die Quelle der Verschmutzung gibt«. Die meisten zuständigen Behörden antworten nur:»Wer trägt mir die Verantwortung, wenn etwas Merkwürdiges mit den Mikroorganismen passiert?« Auf diese Weise können sie nicht überzeugt werden. In Toride entwickelte man daher eine einzigartige EM-Aktivität: Im dortigen Pflegeheim für Behinderte lernten die Bewohner, EM-Bokashi herzustellen. Hierzu muss man wissen, dass Behinderte in Japan als passive Personen angesehen werden, die versorgt werden müssen, sodass man ihnen keine Arbeit für das Allgemeinwohl zutraut. Mit dieser Arbeit für die Umwelt konnten diese Menschen aber neues Selbstbewusstsein gewinnen. Die Möglichkeit, ihr Leben mit selbst bestimmter Arbeit auszufüllen, bedeutet für jeden Einzelnen von ihnen eine große Hilfe.

Unter diesem Gesichtspunkt ist EM äußerst hilfreich. EM-Bokashi in der Biomüllkompostierung ist von seiner Technik her ganz Handarbeit. Die damit beschäftigten Menschen in der Wohlfahrtseinrichtung »Azaleengarten« der Stadt Torite erzielten mit der Herstellung von EM-Bokashi eine Aufmerksamkeit, die weit über die Stadtgrenzen hinaus reichte. Zudem vermochten sie die Einnahmen des »Azaleengartens« dadurch beträchtlich zu steigern, ihnen erwuchs aus dieser Tätigkeit ein neues, qualifiziertes Berufstraining zum selbstbestimmten Arbeiten.

In der Stadt Moriya in der Provinz Ibaraki wurden täglich 30 bis 40 000 Tonnen Abwässer mit EM behandelt. Dieses Wasser floss von dem Fluss Ono aus in den Tone. Nach nicht einmal einem halben Jahr war der Bodenschlick des Ono völlig verschwunden, sodass nun viele Fischsorten des Tone-Flusses wieder flussaufwärts zum Ono geschwommen kamen; im Frühling zeigte sich die Oberfläche des Flusses wieder schwarz von Myriaden kleiner Fische.

In diesem Gebiet sehen wir eines unserer Arbeitsfelder, denn an der Tone-Mündung wimmelt es nur so von Fischen. Durch ihre EM-Aktivität ist hier z.B. auch die Berufsbildungseinrichtung »Weißer Kranichgarten« in Shiratori, Präfektur Kagawa, berühmt geworden, an deren Abwässerröhren sich nun wieder in unglaublichen Mengen graue Meeräschen tummeln.

Das Abwasser-Recyclingsystem der Zukunft
Die auf der Halbinsel Tsugaru, in der Präfektur Aomori, gelegene Stadt Kanita hat eine weithin bekannte Kammmuschelzuchtstation. Durch anhaltende Abholzung und Abwässer war der Zerstörungsprozess in den Flüssen und im Meer weit fortgeschritten und hatte zu beträchtlichen Schäden in der Zuchtstation geführt.

Für die Stadt Kanita und die anderen Städte im Umkreis gibt es jetzt einen gemeinsamen Wasserregulierungsplan, dessen Realisierungszeitpunkt auf das Jahr 2005 terminiert wurde! »Bis dahin werden wir nicht warten!« erscholl der mächtige Ruf der Anwohner. So begannen Freiwillige mit Hilfe von EM auf eigene Faust mit der Sanierung ihrer Umwelt. Das hieß konkret, EM einzukaufen, damit in einem Modellbezirk den Familien effektive Mikroorganismen für ihre Reiswasserbehandlung zur Verfügung gestellt werden konnte. Mehr und mehr EM wurde dorthin gebracht, sodass nun in einer ganzen Reihe von Gemeinden der Präfektur Aomori diese Reiswasser/EM Behandlung eingeführt worden ist. Die Einwohner nehmen das Angebot aktiv und engagiert wahr. Uns standen die Medien bei der Propagierung dieser Maßnahmen in dankenswerter Weise hilfreich zur Seite; in vielen Zeitungen erschienen unter der Rubrik »Operation EM«, teilweise wöchentlich, aktuelle Lageberichte. Dadurch wurde unsere Kampagne ernst genommen.

Im Folgendem möchte ich über ein Wasserreinigungsprojekt mit EM auf einer an Wassermangel leidenden Insel des Ryukyu-Archipels berichten. Das Dorf Zamami in der Präfektur Okinawa verfügte zur Trinkwassergewinnung über ein durch einen Damm aufgestautes Klärbecken, dessen Wasser sich durch fallendes Laub aber permanent verschmutzte und so das gesammelte Wasser weiterhin modrig stinken ließ. Man füllte EM in einen Tankzug der Feuerwehr und brachte es vom Damm aus ein. Der Geruch verschwand und die gefährlichen Substanzen, wie Trihalomethan – eine Art von organischer Chlorverbindung – wurden reduziert. Nun plant man, auch in Zamami künftig alle Haushaltsabwässer mit EM zu behandeln.

Bei Toiletten mit Wasserspülung stehen Gestank und Hygiene im Vordergrund. Wir haben Beispiele dafür, dass mit der Lösung dieser Probleme zusätzlich Dünger für den ökologischen Landbau gewonnen wurde.

Die große Wirksamkeit von EM bei der Wasseraufbereitung zeigt sich vorzüglich am Abwasserreinigungssystem der städtischen Bibliothek von Gushikawa in der Präfektur Okinawa. 2001 ist diese Anlage zehn Jahre in Betrieb. Sie hat die Wasserkosten auf ein Zwanzigstel senken können, bei den Stromkosten konnte die Bibliothek etwa die Hälfte einsparen. Als Nebeneffekt war das völlige Ausbleiben von Schädigungen an den Toiletten und den dazugehörigen Armaturen zu beobachten. Besonders erwähnenswert ist die Tatsache, dass eine Untersuchung dieser Anlage Trinkwasserqualität attestierte. Im Wasser sind von EM emittierte Antioxidantien enthalten, die dessen Qualität so weit verbessern, wie man es am Oberlauf eines Flusses erwarten könnte. Einen Teil des Wassers filterten wir mit EM-Keramik, um es als Trinkwasser zu verwenden.

Die Wasseraufbereitungsanlage am Bahnhof des Romantik-Parks in Towada in der Präfektur Aomori ist ein Vorzeigeobjekt für diese Prozesse. Heutzutage stellt sich die Problematik des Abwassers generell ganz besonders dramatisch dar. Es wird kostenaufwändig geklärt und nach der Desinfektion mit Chlor ins Oberflächenwasser geleitet. Der im Klärwerk entstehende Schlamm macht etwa 50 Prozent aller Industrieabfälle aus. Von den Verunreinigungen der Gewässer durch Chlor werden die Fischereigründe ernsthaft geschädigt. Mit EM kann beim Abwasser aber auf die Desinfektion mit Chlor verzichtet werden. Durch die zusätzlichen Antioxidanskräfte fließt nun allerbestes Wasser den Fluss hinab, was der Umwelt gut tut und der Fischerei zu neuem Leben verhilft.

Die Lösung des Dioxin-Problems zu niedrigen Kosten
Mit Hilfe von EM kann das Dioxin-Problem, das intensive gesellschaftspolitische Diskussionen ausgelöst hat, nun kostengünstig gelöst werden. Zur Reduktion von Dioxin bläst man zuerst EM-Z-Keramikpulver in die Brennkammer. Vor der Verbrennung sprüht man dann eine Mischung aus EM 1, EM-Z und EM-Z-Keramikpulver auf die zu verbrennenden Abfälle und in den Rauchabzug. Das ist alles. Geradezu enttäuschend einfach. Damit wird die Entstehung von Dioxin weitestgehend reduziert.

Außerdem wurde deutlich, dass sich Dioxin auch im Boden beseitigen lässt. Dazu wird der Boden mit einer EM-Lösung, die mit dem Waschwasser von Reis aktiviert wurde, im Verhältnis 1 : 500 mit Wasser verdünnt und großzügig auf den Boden ausgebracht. Schon nach fünfzig Tagen sind 70 Prozent der Dioxine abgebaut.

Umwelthormone sind zu einem großen Problem geworden. Ein Anteil von 40 Prozent geht auf das Konto der Agrarpestizide, von denen 60 Prozent Ausgangsstoffe für Umwelthormone sind. Ein Feld, auf dem zwanzig Jahre lang Pestizide verwendet worden sind, zeigt nach drei Jahren EM-Einsatz keine Spuren von Dioxinen und Umwelthormonen mehr, weil EM in der Lage ist, Stoffe abzubauen, die Radikal-Reaktionen zeigen. Dioxin entsteht bei der Verbrennung von Abfällen. Durch das Versprühen von EM kann in den Verbrennungsöfen das Dioxin zu etwa 90 Prozent entsorgt werden. Das Verfahren hierzu werde ich später noch detaillierter erläutern. Derzeit kommt die EM-Technologie auf Okinawa in den Müllverbrennungsanlagen der Städte Gushikawa und Ishikawa zur Anwendung und hat dabei die Emissionswerte unter die ab 2002 geltenden Durchschnittswerte gesenkt. Für die Stadt Eyama auf Hokkaido ist die Einführung unserer Technik ebenfalls im Gespräch.

Leider geht gegenwärtig in Japan die Tendenz hin zu Verbrennungsanlagen mit hohen Kosten bei der Dioxinbeseitigung, obwohl es viel preiswertere Methoden gibt. Daher tragen die Selbstverwaltungsorgane, die diesem Beispiel nicht folgen wollen, eine große Verantwortung und die Pflicht zur Rechtfertigung. Ab 2002 gelten neue Grenzwerte für die Dioxinbelastung in Müllverbrennungsanlagen. Diejenigen Einrichtungen, die diesem Standard nicht entsprechen können, werden unweigerlich geschlossen. Daher sollten die Anlagen in Regie der lokalen Körperschaften eiligst angepasst werden.

Fehlende finanzielle Ausstattung für diese Umrüstung bereiten den Kommunen heftiges Kopfzerbrechen. Für eine Müllverbrennungsanlage mittlerer Größe wären über elf Milliarden Yen nötig. EM könnte diese Kosten auf unter ein Zehntel drücken. Dioxin ist ein an sich in kleinen Mengen entstehendes Nebenprodukt u.a. von Agrarpestiziden aus Chlorverbindungen. Es entsteht aber auch bei der Verbrennung von Vinyl und anderen Kunststoffen in Verbindung mit Kochsalz aus dem Haushaltsmüll. Mit der zunehmenden Menge verbrannten Haushaltsmülls steigt auch die über den Rauch oder die Asche der Müllverbrennungsanlage ausgestoßene Menge Dioxin. Die daraus entstehenden Auswirkungen werden immer gravierender. Allergien und Hautkrankheiten durch chemische Substanzen gelten allgemein als erste Einflüsse des Dioxins.

Wenn von der Furcht vor Dioxin die Rede ist, werden oft die siamesischen Zwillinge »Beto« und »Doku« erwähnt. Während des Vietnamkrieges hatten die Amerikaner große Mengen von Entlaubungsmitteln mit hohen Dioxin-Anteilen eingesetzt. Das ganze Ausmaß der Tragödie dieses schmutzigen Krieges lässt sich an Hand der Dioxinmenge ablesen: 180 Kilogramm. Das Dioxin bildete nur einen Bruchteil der zigtausend Tonnen Entlaubungsmittel. Die Bilder von seiner Wirkung haben wir alle noch im Kopf. Aber die Menge Dioxin, die allein in Japan über Jahrzehnte hinweg durch die großen Müllverbrennungsanlagen in die Umwelt gelangt ist, beträgt 200 Kilogramm! Zählt man noch die kleinen Öfen hinzu, kann man sogar von 400 Kilogramm ausgehen. Um es noch klarer zu machen: das ist die doppelte Menge des im Vietnamkrieg eingesetzten Dioxins.

Dioxin ist karzinogen, geschlechtsverändernd, fortpflanzungshemmend, immunitätssenkend, und schadet dazu der Leberfunktion. Da es außerdem die Eigenschaft hat, sich an Fettgewebe anzubinden, reichert es sich z.B. in Tieren an. Über die Nahrungskette kommt das in Fisch und Fleisch konzentrierte Dioxin in durchaus gefährlicher Dosierung in den Menschen.

Da Dioxin nur schwer löslich ist, dauert es zehn bis zwölf Jahre, bis es sich zur Hälfte abgebaut hat. Auf Reisfeldern und am Meeresboden kann dies noch länger dauern. Für uns bedeutet das: Was wir Menschen über die Muttermilch aufgenommen haben, bleibt ein Leben lang im Körper. Auch kleinste Mengen in der Umwelt üben langfristig überaus negative Einflüsse aus. Es ist eine durch und durch üble Substanz.

Nach Angaben des japanischen Umweltministeriums nimmt die Menge des über die Verbrennungseinrichtungen ausgestoßenen Dioxins ab. Nach amerikanischem bzw. europäischem Maßstab ist dies das Zig- bis Hundertfache des zulässigen Grenzwertes. Es kann also keine Rede davon sein, mit der Verminderung sei schon alles getan.

Europa und Amerika haben schon seit langem strengere Richtlinien für den Dioxinausstoß in Müllverbrennungsanlagen erlassen. Die entsprechenden japanischen Werte sind viel zu lasch. Daher ist auch im Parlament ein Gesetzentwurf »Besondere Vorkehrungen zur Dioxinbekämpfung« mit strikteren Vorgaben eingebracht worden.

Es bleiben immer noch Zweifel an den Dioxinmaßnahmen der Regierung
Mit der Festlegung neuer Dioxin-Grenzwerte für Müllverbrennungsanlagen hat Japan einen wichtigen Schritt nach vorne getan. Was immer an Grenzwerten festgelegt ist, reicht allerdings bei weitem nicht aus. Dioxin entsteht zwangsläufig bei einer Brenntemperatur im Bereich von 300 bis 700 Grad Celsius; bei über 800 Grad Celsius kann kein Dioxin entstehen. Die Permanenz einer solchen Temperatur beim Verbrennungsvorgang ist somit das beste Mittel zur Vermeidung der Entstehung von Dioxin.

Dafür müssen die Brennräume der Anlagen entsprechend vergrößert werden. Erfahrungsgemäß steht man aber erst bei Temperaturen über 1000 Grad Celsius auf der sicheren Seite. Hierfür müssen täglich und konstant mindestens 100 Tonnen Abfall verbrannt werden. Die Kosten für das Auslegen einer Anlage auf solche Dimension belaufen sich auf 1 bis 1,5 Milliarden Yen. Das sind Beträge, die die einzelnen Kommunen mit ihrem begrenzten Abfallaufkommen nicht mehr aufbringen können.

Selbst wenn es gelänge, das Dioxin in der Abluft zu zähmen, bliebe noch die Frage nach dem Dioxin in der Asche. Um dieses Problem an der Wurzel zu lösen, wären Großanlagen mit Verbrennungsöfen nötig, die für eine Temperatur von über 1200 Grad Celsius ausgelegt sind.

Ein solcher Ofen kostet 2 bis 2,5 Milliarden Yen. Es ist unmöglich, einen solchen Ofen ununterbrochen zu vertretbaren Kosten mit Müll zu beschicken. Von daher gesehen, sind die auf dem neuen Grenzwert fußenden Verbrennungskammern zwar nur die zweitbeste, jedoch die praktikabelste Lösung.

Drei Punkte aus der 2002 in Kraft tretenden Verordnung möchte ich noch einmal aufführen:

1. Verbrennung über 800 Grad Celsius;
2. Schornsteintemperatur nur 200 Grad Celsius tiefer;
3. Verbrennungsasche verfestigen und beseitigen.

Zur Zeit gibt es in Japan etwa 800 lokale bzw. regionale Müllverbrennungsanlagen, die Hälfte davon sind vor mehr als 15 Jahren errichtet worden. Die meisten sind nicht mit der Zeit angepasst worden und daher nicht in der Lage, die gegenwärtigen Grenzwerte einzuhalten. Kurz gesagt, es wäre gut, wenn sie mit über 800 Grad Celsius befeuert werden könnten, aber sie hätten beträchtliche Schwierigkeiten, diese Temperatur zu halten. Außerdem brauchen diese Anlagen geraume Zeit, bis sie die Normtemperatur überhaupt erreicht haben. Während dieser Zeitspanne wird ja auch Dioxin erzeugt.

In den bestehenden Öfen wird ein elektrischer Staubfilter verwendet, der das aus dem Ofen herausströmende Abgas mitsamt seinen Staubanteilen absorbiert. Hierbei wird jedoch nicht das gesamte Dioxin aufgefangen; ein Teil entweicht als Rauch durch den Schornstein in die Umwelt. Auch in der als Verbrennungsrückstand aufgefangenen, gebundenen Asche ist Dioxin enthalten. Bleibt die Frage, was mit dieser Asche zu tun ist. Die Lagerung von solcher Asche ist ein großes gesellschaftliches Problem.

Bei den laufenden Reparaturarbeiten an den kommunalen Müllverbrennungsanlagen sollten diese elektrischen Absorber aufgegeben werden und an ihre Stelle Staubbeutel treten. Wieso? Bei der Verwendung der Absorber stellt sich die Temperatur als großes Problem dar. Wie schon erwähnt, unterbleibt die Entstehung von Dioxin erst bei einer Temperatur von über 800 Grad Celsius. Im Temperaturbereich von 300 bis 500 Grad Celsius entsteht es am leichtesten. Weil ein elektrischer Absorber in diesem Bereich arbeitet, wird zwar einerseits das Dioxin absorbiert, aber auch als hässliches Nebenprodukt Dioxin produziert.

Dagegen verbrennt der Staubfilter-Beutel, da er aus Stoff ist, bei 350 Grad Celsius. Deswegen wird die Temperatur bis auf 200 Grad Celsius heruntergefahren. Bei dieser Temperatur entsteht kein Dioxin mehr, der Staub kann aufgefangen werden. Zumindest theoretisch wird es mit dieser

Technik ermöglicht, die Entstehung von Dioxinen weitestgehend zu unterbinden. Es bleibt jedoch noch eine Reihe von Fragen bei diesem System bestehen.

Dieser Filter ist so etwas wie der Beutel eines Staubsaugers, in dem der Staub gesammelt wird. Alle paar Jahre muss im Rahmen einer aufwändigen Wartung der »Beutel« ausgetauscht und samt der Asche mit dem Dioxin entfernt und irgendwohin entsorgt werden.

Wenn nach den neuen Bestimmungen, wie vom Staat vorgegeben, der Staubbeutel Verwendung fände, würde bei schlechter Verbrennung das Dioxin des Rauches reduziert, die Menge des Dioxins in der Asche jedoch einen hohen Wert erreichen. Die grundlegende Lösung für das Dioxinproblem ist also noch nicht gefunden. Zudem sind für die Installation eines solchen Filters einer mittleren Müllverbrennungsanlage etwa eine Milliarden Yen fällig.

Warum sollen Dioxinmaßnahmen hohe Kosten verursachen?

Was wäre, wenn man an Stelle des Staub-Beutels EM verwenden würde? Je nach Größe der Müllverbrennungsanlage fallen die Kosten unterschiedlich aus. Bei den größten sind es 100 Millionen Yen, bei den kleineren Anlagen 20 bis 30 Millionen Yen. Der Unterschied zu einer Milliarde Yen ist in jedem Falle beträchtlich. Dioxin mit Hilfe von EM auszuschließen heißt, EM-Z-Keramik ins Ofeninnere zu blasen, das sich über den mit verschiedenen EM-Komponenten vermischten, zu verbrennenden Abfall legt. So einfach ist das.

Die Wirksamkeit dieses Verfahrens ist in Müllverbrennungsanlagen bereits nachgewiesen worden. Es wurde zum ersten Male 1997 in der Stadt Motobu, Präfektur Okinawa, in einer nach einem alten Reinigungsverfahren arbeitenden Müllverbrennungsanlage angewendet. Dabei verwendete man aktiviertes EM und EM-Z, wodurch der Dioxinausstoß sowohl im Ofeninnern als auch in der Restasche um 50 Prozent reduziert werden konnte.

Weitere Versuche 1998 im Reinigungscenter von Wako in der Präfektur Saitama und im Hygienezentrum der Stadt Gushikawa in der Präfektur Okinawa führten zu den gleichen Ergebnissen. Mit den drei Komponenten EM1, EM-Z und EM-Z-Keramik wird es möglich, ein Entweichen von Dioxin aus Müllverbrennungsanlagen zu unterbinden.

Weshalb kann EM das Dioxin unterdrücken? Weil die in EM und EM-Z enthaltenen Antioxidantien und Mineralien die vollständige Verbrennung bei niedrigen Temperaturen erzwingen und die durch unvollständige

Verbrennung bewirkte Entstehung von Dioxinen unterbinden. Zudem reagieren die im EM enthaltenen diversen Mineralien mit dem Chlor, das ein wichtiger Baustein des Dioxins ist, ferner werden die Unterbindung einer neuerlichen Bildung und die Chlorabsorptionsreaktion durch EM-Z-Keramik erreicht.

Auf Grund dieser Befunde waren das Hygienezentrum der Stadt Gushikawa und der Verbrennungsofen der Abfallbeseitigungsanlage in Ishikawa die ersten Orte in Japan, an denen die EM-Methode angewendet wurde. Heute führen wir mit allen zuständigen Gremien der Abfallwirtschaft Gespräche, wenn ein Ersatz oder die Grundüberholung einer Müllverbrennungsanlage ansteht.

Von der Gesamtzahl aus betrachtet, sind es noch verhältnismäßig wenige Orte, wo die EM-Methode zur Diskussion steht, meistens soll nach den Maßgaben des Gesundheitsministeriums entschieden werden, d.h. der elektrische Staubsauger soll durch den Staubfilter-Beutel ersetzt werden.

Ich habe keineswegs die Absicht, die Anwendung der EM-Technologie jemanden um jeden Preis aufzudrängen, den zuständigen Behörden steht das Recht der Wahl zu. Aber sie sollten zumindest Kenntnis davon haben, was passiert, wenn die EM-Technologie verwendet wird. Daher findet eine Aussage wie »ich möchte es einmal versuchen« natürlich meine vollste Zustimmung.

Bei der Dioxin-Problematik ist es ganz wichtig, dass wir auch das Problem in seiner ganzen Breite verstehen. Ein vollständiges Recycling des Biomülls würde eine Müllverbrennung überflüssig machen. Es ist eine Zweckentfremdung von hohen finanziellen Beträgen und eine Dummheit, viel Geld in unzweckmäßige Müllverbrennungsanlagen zu stecken. Für nur 30 Prozent dieser Kosten ist die von uns favorisierte, ideale Recyclingmethode aufzubauen.

Wo immer ein Problem auftaucht und dann nach dem Staat oder anderen Leuten für die Lösung gerufen wird, steigen stets die Kosten, und es kommt nicht das Beste dabei heraus. Daher meine ich, wenn sich mehr Menschen dies bewusst machen, wird sich die EM-Technologie leichter ausbreiten.

Auch das in die Natur freigesetzte Dioxin ist ein großes Problem
Bisher habe ich etwas vereinfacht geschildert, wie das Entstehen von Dioxin in den Müllverbrennungsanlagen unterbunden werden kann. Doch auch das Dioxin, das sich bereits in unserer Umwelt befindet, ist zu einem großen Problem geworden.

In dieser Richtung hat der Staat bisher noch nichts unternommen. Wenn ab 2002 die neuen Grenzwerte für Dioxin für die Verbrennungsanlagen gelten, bedeutet dies noch keine Veränderung bei dem bereits freigesetzten Dioxin. Aber auch dafür bietet EM eine Lösung an.

Aber welches in die Umwelt entlassene Dioxin ist EM in der Lage zu bearbeiten? Wir haben in dieser Hinsicht folgende Experimente durchgeführt. Wir untersuchten eine Mischung aus aktiviertem EM und den giftigsten Dioxinen (TCDD 2, 3, 7, 8) im Hinblick auf die Veränderung der Konzentration. Anfänglich lag dieser Wert bei 240 nmol/l (Nanomol pro Liter); nach 30 Tagen war er auf 80 abgesunken.

Danach mischten wir EM 1 und EM-Bokashi in gleicher Menge hinzu und erhielten in etwa den gleichen Wert von anfänglich 230, nach 30 Tagen 50 nmol/l. Diese Entwicklung ist auf dem folgenden Schaubild aufgezeichnet.

Die Halbwertzeit von Dioxinen im Boden beträgt 10 bis 12 Jahre. Nach unseren Experimenten war zur Halbierung des Anfangswertes von 230 auf etwa 110 nur ein Zeitraum von 15 Tagen notwendig. Ist die unterschiedliche Stärke in der Auflösungsfähigkeit nicht frappierend?

In der Nähe der Müllverbrennungsanlage von Saitama wurde konventionelle wie auch EM-Landwirtschaft betrieben. Wir untersuchten für beide Bodenarten jeweils die Dioxindichte (siehe Tabelle). EM-Landbau hieß auch hier Verzicht auf Pestizide und Kunstdünger.

Die Untersuchung an drei Stellen des konventionellen Anbaus ergab einen durchschnittlichen Wert von 64 (Einheit in Pikogramm). Der entsprechende Wert für EM-Landbau, an neun Stellen gemessen, ergab einen Durchschnitt von 9,4. Dieser Wert lag also erheblich niedriger.

Nachdem die konventionellen Reisfeldböden sechs Monate bis ein Jahr lang ebenfalls mit EM behandelt worden waren, erreichten sie den gleichen Wert wie die EM-Böden. Dies belegt eindeutig, dass EM die größte Fähigkeit hat, die in die Umwelt gelangten Dioxine zu neutralisieren. Mit den herkömmlichen Methoden werden die Müllverbrennungsanlagen großen Nachrüstungsbedarf anmelden müssen, wobei sich deren Wirksamkeit, wie bereits erwähnt, auf die Dioxine in den Abgasen beschränken dürfte. Die Kosten werden pro Anlage Hunderttausende, wenn nicht gar Milliarden von Yen betragen.

Dioxinvermeidung durch das EM-System ist einfacher und mit erheblich niedrigeren Kosten flächendeckend zu erreichen. Insbesondere die Fähigkeit von EM, das Dioxin in der Flugasche und bei den Verbrennungsrückständen unter Kontrolle zu halten, verstärkt die Belastbarkeit der entsprechenden Einrichtungen; außerdem nimmt die Leistung zur Dioxinreduzierung mit zunehmender Auslastung zu. Hier liegt ein rundum positives Resultat vor. Ob es um das Dioxin in den Müllverbrennungsanlagen, der letzten Station des Hausmülls, geht, das Dioxin in den Böden oder allen weiteren problematischen Umweltdioxinen, die Anwendung von EM wird den Kurs für eine Lösung vorgeben.

Wenn von Dioxinen die Rede ist, liegt der Blick dabei zumeist auf den Müllverbrennungsanlagen. Die Situation in der Landwirtschaft hat sich aber als ebenso gravierend erwiesen. Auf Böden mit konventionellem Anbau werden bereits Werte von 64 Pikogramm erreicht. In Europa ist jegliche landwirtschaftliche Nutzung bei Werten über 40 Pikogramm verboten.

In weiten Teilen Europas kann Landwirtschaft bei Werten von unter zehn Pikogramm betrieben werden. Bislang sind die Ackerböden in Japan in der Fläche noch nicht ausführlich untersucht worden, aber man liegt sicher nicht falsch mit der Annahme, dass hier die Werte in aller Regel über 40 Pikogramm liegen dürften. Vom europäischen Blickwinkel betrachtet heißt das schlechterdings, dass sich diese Böden nicht für die landwirtschaftliche Nutzung eignen, denn bislang ist keine ausgereifte, konventionelle Technik anzutreffen, die die Dioxinwerte im Boden unter vertretbaren Kosten reduzieren kann. Mit EM kann selbst ein Wert von über 60 Pikogramm binnen eines Jahres auf unter zehn gedrückt werden.

Gegenwärtig läuft die Dioxinbekämpfung in Japan darauf hinaus, die Dioxinmenge in den Verbrennungsöfen so weit wie möglich zu reduzieren und das freigesetzte Dioxin irgendwie einzusammeln und zu entsorgen. Die grundsätzliche Problematik hierbei liegt auf der Hand. Insbesondere kann der in die Umwelt entwichene Dioxinanteil nicht mehr »gefasst« werden. Auch ist das Entstehen von Flugasche bei der Verbrennung nicht gänzlich zu vermeiden, noch die belastete verbrannte Asche. Folgt man dieser Denklinie weiter, müsste man sein Heil in immer größeren Müllverbrennungsanlagen suchen. Aber das gestiegene Umweltbewusstsein der Bevölkerung und die allgemeine Einführung des Müllrecycling macht solche Riesenanlagen objektiv überflüssig.

Gefahr durch Dioxin in Lebensmitteln

Ich muss an dieser Stelle auf die Gefährlichkeit des im Körper angesammelten Dioxins zu sprechen kommen. 90 Prozent des Dioxins kommt über die Nahrung in unseren Körper. Dioxin aus der Müllverbrennung gelangt über den Schornstein in die Luft und fällt allmählich wieder auf die Erde hinab. Wir nehmen es dann mit dem Fleisch, der Milch und anderen Molkereiprodukten von Rindvieh, das ja naturgemäß an Weideflächen gebunden ist, auf. Das in die Flüsse geratene Dioxin sammelt sich in den Fischen an. Hierbei wird es in die Nahrungskette Plankton – kleiner Fisch – großer Fisch integriert, wodurch es zur allseits befürchteten millionenfachen Konzentration kommt. Beim Fleisch sind Rind, Geflügel und Schwein (in dieser Reihenfolge) gefährdet, insbesondere ist es in Fettgeweben, Innereien und in der Haut konzentriert.

Bei Meerestieren ist besonders auf die in Küstengewässern lebende Saba-Makrele, der Iwashi-Sardine, sowie dem in Kulturen gezogenen Buri (Gelbschwanz) zu achten. Relativ sicher sind die auf hoher See gefangenen Thunfische und die Sanna-Makrelen, ferner die Krustentiere (Krabben und Garnelen). Da sich Dioxin bei Fischen und Tieren in allen Teilen des Körpers ansammelt, ist beim Verzehr stets Vorsicht geboten. Während des großen Aufruhrs um Dioxin in Tokorozawa in der Präfektur Saitama, wurde Spinat und grüner Tee zur Zielscheibe. Aber da das Dioxin in Wasser nicht löslich ist, werden nur geringe Mengen über die Wurzeln von Pflanzen aufgenommen. Das Dioxin in der Flugasche und im Staub aus den Müllverbrennungsanlagen kann allerdings an Pflanzen haften bleiben. Darüber hinaus haben jüngste Forschungen ergeben, dass die Behauptung »man muss Agrarprodukte bloß waschen, dann ist es in Ordnung«, haltlos ist, denn das Dioxin sammelt sich im Innern der Blätter an. Aber wie kann man nun das bereits im Körper angesammelte Dioxin beseitigen?

Viele junge Mütter hat die Erkenntnis erschüttert, dass sie mit ihrer Muttermilch den Kleinen Dioxin verabreichen können. Für die Unbedenklichkeitsuntersuchung der eigenen Milch sind jeweils 300 000 bis 400 000 Yen aufzuwenden. Das ist schon ein beachtlicher Kostenfaktor, und das ist nicht alles. Man sollte auch beim normalen Essen Vorsicht walten lassen und darauf bedacht sein, das Aufgenommene so schnell wie möglich wieder auszuscheiden, denn gesunde Organe haben auch nur eine begrenzte Entgiftungsfähigkeit gegenüber Dioxin. Bei faserreicher Kost kann im Verdauungsprozess das Dioxin absorbiert werden und zusammen mit den Ausscheidungen aus dem Körper verschwinden. Deshalb ist faserreiche Kost besonders wichtig. Nützliche Mikroorganismen können Schadstoffe auflösen, von daher trinke ich EM 1 zur Stärkung meiner nützlichen Darmflora.

Das Geheimnis der Revitalisierungskraft der effektiven Mikroorganismen liegt in ihrer Antioxidanskraft. Diese stärkt die Tendenz zu erhöhter Lebenskraft. So lege ich großen Wert darauf, dass in meiner täglichen

Nahrung stets antioxidationsfähige Substanzen wie die Vitamine C und E, sowie Carotin und Polyphenol vorhanden sind.

Diese Substanzen verfügen über hervorragende Antioxidanskräfte. Aber wie zuweilen Medizin zu Gift werden kann, können auch sie oxidieren und somit toxisch wirken. In diesem Falle hilft EM-X, von daher brauchen Sie sich keine Sorgen zu machen.

In EM-X befinden sich neben vielfältigen Antioxidantien mineralische Chelate, die über magnetische Resonanzwellen verfügen. Sie sind als resonante Katalysatoren aktiv und können die Radikalreaktionen der im Fettgewebe des Körpers gebundenen schädlichen Schwermetalle, Dioxine, Umwelthormone und anderer chemischer Substanzen aufhalten und diese aus dem Fett lösen, damit sie dann aus dem Körper ausgeschieden werden können. Es gibt eine Reihe Beispiele dafür, dass sich eine Allergie bei Babies dann nicht manifestiert, wenn die allergiekranke Mutter EM-X trinkt. Das bedeutet, dass das Dioxin aus der Muttermilch verschwunden war, womit an einem weiteren Beispiel die antitoxische Kraft von EM-X belegt ist.

In EM steckt ein Allheilmittel gegen Oxidation
Wenn man EM in einen von gefährlichen Chemikalien belasteten Boden einbringt, zeigt sich seine ungewöhnliche Kraft darin, solche Substanzen zwar nicht verschwinden zu lassen, aber sie doch unschädlich zu machen. Sind etwa in einem Boden schädliche chemische Substanzen und Schwermetalle enthalten, werden diese nach dem Ausbringen von EM nicht mehr von den Nutzpflanzen absorbiert; deren Früchte können dann unbedenklich geerntet und verzehrt werden.

EM verhindert die durch die natürlichen Faktoren Luft und Wasser entstehenden Alterungsprozesse bei Plastik, Beton und Metall. Weil eine solche Degeneration einzig und allein durch den aktivierten Sauerstoff und die Freien Radikalen auf Grund einer starken Oxidation hervorgerufen wird, kann EM mit seinen Antioxidantien diesen Prozess unterbinden.

Die Besonderheit von EM ist, dass über 80 Arten von aeroben und anaeroben Mikroorganismen, die in ihren Eigenschaften völlig konträr sind, in einer Flüssigkeit enthalten sind, d.h. gemeinsam in einem anaeroben Zustand existieren. Es war nicht so, dass wir 80 Arten von Organismen ausgewählt hätten, nachdem sie untersucht worden sind oder wir aus einer Kombination spezifische Wirkungen erwartet hätten, sondern wir eliminierten aus über 2000 Arten nur diejenigen mit schädlicher Wirkung. Es gibt keine weitere theoretische Begründung, als dass nun mal 80 Arten übrig blieben. Ich folge einem pragmatischen theoretischen Ansatz, nach dem man sich an dem orientieren soll, was man vorfindet. So hatte ich überlegt, ob es nicht irgendwelche Ersatzstoffe für chemischen Dünger und Pestizide in der Landwirtschaft geben könne und beschloss, meine eigenen Forschungen dahingehend voranzutreiben.

Die Resultate sind inzwischen klar erkennbar. Obwohl die in EM enthaltenen Mikroorganismen vom Charakter her aerob bzw. anaerob sind, bilden sie alle direkt oder indirekt Antioxidanten. Je höher die Zahl der Organismusarten und je größer die Dichte ist, desto stärker äußert sich der Effekt. Es müssen nicht unbedingt 80 Arten sein, aber Photosynthese-, Milchsäure- und Hefebakterien dürfen nicht fehlen; denn fehlt nur eine dieser Komponenten, wird sich die eigentümliche Wirksamkeit von EM nur schwer einstellen. Um diese drei Komponenten sammeln sich die Mikroorganismen, die in natürlicher Weise koexistent leben und quasi als »EM-Gefährten« gemeinsam wirken.

Wie schon früher erwähnt, gehen von den photosynthetischen Bakterien in EM magnetische Resonanzwellen aus, die diejenigen Elemente abschneiden, die Freie Radikale ausscheiden und die Radikal-Reaktionen unterbinden. Der größte Teil der in der Lebensmittelveredlung und im Pflanzenbau als nützlich anerkannten Mikroorganismen gedeiht zusammen in EM. Unterbricht man die Anwendung von EM, kehrt nach drei Jahren der natürliche Zustand zurück. EM vermag radioaktive Strahlen (Gammastrahlen) und ultraviolette Strahlen zu nutzen und ist dadurch in der Lage, Dioxine und andere schwer lösbare chemische Substanzen aufzuspalten. Hierin gleicht es einem Allheilmittel.

Wie kommt das? Setzt man Mikroorganismen, die Antioxidantien erzeugen, bestimmten definierten Umweltbedingungen aus, zum Beispiel einer anaeroben Situation, dann werden die Ausscheidungen der in ihrem Charakter gegensätzlichen Organismen die Ernährungsbasis für die jeweils andere Gruppe bilden und sie können Kohlensäuregas und Sauerstoff als Rohstoffquelle nutzen. Selbst unter aeroben Bedingungen können sich Mikroorganismen in die entgegengesetzte Richtung orientieren, wenn organisches Material vorhanden ist. Die in EM enthaltenen Mikroorganismen sind nicht nur konsumierende Mikroorganismen, sondern auch, wie die Photosynthesebakterien, produzierende. So stehen Ausscheidungen und Nährstoffquelle im wechselseitigen Verhältnis zueinander. Um diese Funktion zu erhalten, sind vielfältige Antioxidantien, mineralische Chelate, ein spezielles Elektronen-Austausch-System und magnetische Resonanzwellen nötig. Diese gleichen jegliches Ungleichgewicht wieder aus. Wird aber die Kontrolle über die Freien Radikale verloren, nützen auch die größten Anstrengungen nicht mehr.

Ich bin mir zwar dessen bewusst, dass dies allgemeiner Konsens ist: Es gibt nichts absolut Omnipotentes. EM ist eine Bezeichnung, deren Inhalt die stets regenerierende Entwicklung der Erde in konzentrierter Form bedeutet. In diesem Sinne könnte man EM omnipotent nennen. Und zwar, weil alle schädlichen Prozesse in der Welt ohne Ausnahme direkt oder indirekt durch starken aktivierten Sauerstoff bzw. Freie Radikale verursacht werden.

Diejenigen, die das nicht akzeptieren, sind nur nicht im Stande, die Universalität aus EM herauszuholen, aber dafür kann EM nichts.

EM ist auch bei Radioaktivität wirksam
Beim Reaktorunglück von Tschernobyl erlitt Weißrussland auf Grund der vorherrschenden Windrichtung allergrößte Schäden. Noch heute kann eine Verseuchung auf Grund der Verstrahlung diagnostiziert werden. Einige Jahre führte ich in Zusammenarbeit mit dem weißrussischen Forschungszentrum für Radiobiologie Experimente durch, wie mit EM Strahlenschäden verhindert werden können.

Hierbei sind wir zu äußerst interessanten Erkenntnissen gekommen. Wenn auf einem strahlenverseuchten Boden EM ausgebracht wird, sinkt ganz offensichtlich das Niveau der Strahlung, die die angebauten Pflanzen aufgenommenen haben, auf die gleichen Werte wie von anderen, nicht belasteten Gebieten. Das bedeutet, dass EM eine Landwirtschaft ab 30 Kilometer vom am stärksten betroffenen Gebiet wieder ermöglicht.

Bei strahlengeschädigten Kindern, denen man EM-X zu trinken gibt, zeigt sich eine offensichtliche Besserung ihrer Krankheitssituation, es sind sogar Fälle bekannt geworden, wo Leukämie und Pankreaskrebs vollkommen geheilt werden konnten.

Die Experimente in Weißrussland in Hinblick auf die Auswirkung von EM1 und EM-X auf die Radioaktivität sind nun mehr oder weniger zu Ende. Unser Ergebnis war, dass sie bei Strahlenschäden besonders wirksam sind. Dies kommt auch in einem offiziellen Antrag auf diese Mittel zur Geltung.

Radioaktivität wirkt sich am stärksten im Boden aus, wo es als gefürchteter Faktor für die Kontamination gilt. Es stellt in der Tat eine außergewöhnliche Herausforderung dar, einen derart verseuchten Boden wieder auf Werte von gesunden Böden zurückführen zu wollen. Wie schwer auch ein Boden belastet sein mag, EM trägt die Fähigkeit in sich, ihn wieder in den Normalzustand zurückzuführen.

Die Quelle dieser Fähigkeit liegt – wie bereits erwähnt – in der starken Antioxidationskraft, die alle Substanzen revitalisiert. Ich überlegte weiter, ob nicht auch die von den Photosynthesebakterien ausgehenden elektromagnetischen Schwingungen ihren Teil dazu beitragen könnten.

Es ist bislang noch nicht wissenschaftlich nachgewiesen, dass Schwingungen die Qualität und den Energievektor einer Substanz verändern können, und noch immer wird das von manchen geradezu kategorisch ausgeschlossen. Aber wie ich bereits erwähnte, besitzt EM ganz außergewöhnliche Fähigkeiten bei eingetretenen Schädigungen durch Dioxine oder radioaktive Strahlung. Die Schäden durch Radioaktivität und Dioxin entstehen letztendlich, weil im Körper eine große Menge aktivierten Sauerstoffs (Freie Radikale) entsteht. Die von EM erzeugten kraftvollen Antioxidantien unterbinden diese Radikalreaktion; daraus alleine kann allerdings nicht der Grund für das Verschwinden der Radioaktivität abgeleitet werden.

Im Sommer 1998 hatte ich erneut Gelegenheit, an den Untersuchungen in den nach dem Reaktorunfall von Tschernobyl zum Sperrgebiet erklärten Bereichen teilzunehmen. Einige Jahre zuvor hatte ich auf einigen der dortigen Felder den Weizen mit EM behandeln lassen. Während mein Geigerzähler fast überall 100 Mikroröntgen pro Stunde anzeigte, blieb der Wert im Zentrum der von EM behandelten Felder zwischen 85 und 90 Mikroröntgen stehen.

Ich zeigte meinem Kollegen, dem Radiobiologe Prof. *Eugeni Konoplya* die registrierten Werte; nur leider hielt er sie für Fehlmessungen des Gerätes und wollte deshalb meinen Bemerkungen nicht folgen. Vom theoretischen Standpunkt betrachtet, dürfte es ja auch nicht zu einem solchen Phänomen kommen.

Ich war jedoch so sehr sensibilisiert, dass ich noch mehrmals meine Messungen innerhalb und außerhalb des EM-behandelten Gebietes wiederholte, wobei sich stets die gleichen Werte ergaben. Sie waren also tatsächlich im EM-Gebiet um 10 bis 15 Prozent zurückgegangen! Ich nahm etwas von der EM-Keramik, die ich bei mir hatte, und streute ein wenig auf das Messgerät, das nach einer Weile einen noch niedrigeren Wert anzeigte. Bei allen Messungen an verschiedenen Orten sah ich das Ergebnis bestätigt.

Auch diesen Gesichtspunkt legte ich Prof. Konoplya dar, aber auch dieses Mal tat er alles nur ab.

Während des Abendessens auf der Rückfahrt in die Hauptstadt Minsk brachte ich das Gespräch mit Prof. Konoplya noch einmal auf dieses Thema. Als Forscher langjährig im Umgang mit EM vertraut, hatte ich das Gefühl, dass da etwas dran sein müsste, denn auch früher hatte mich mein Instinkt eigentlich nie betrogen. Ich schlug daher vor, die Messversuche in größerem Rahmen zu wiederholen. Als ich 1999 wiederum dorthin reiste, wurde mir von Prof. Konoplya bestätigt, dass die Werte auf den intensiv mit EM behandelten Feldern nun in der Tat um 15 Prozent niedriger lagen.

Im Umgang mit EM sind mir viele ungewöhnliche Phänomene begegnet, die von der herkömmlichen Naturwissenschaft nicht zu erklären sind. Aber eines ist sicher. EM kann mit seinen Antioxidationskräften und den magnetischen Resonanzwellen Menschen, Tieren, Pflanzen und andere Stoffe in Richtung einer Lebensverlängerung führen. Dieses Phänomen führe ich auf die ungewöhnlichen Qualitäten der Photosynthesebakterien zurück. Sie sind in der Lage, Gammastrahlen und ultraviolettes Licht als Energiequelle zu verwenden.

Der Einfluss von Dioxin auf Biomüll

Eine bestimmte Kommune emittierte mit ihrer Müllverbrennungsanlage Dioxin in mehr als hundertfacher Menge über dem Grenzwert in die Umwelt und vergiftete damit die Böden der ganzen Umgebung. Wegen des großen Protests der Bevölkerung musste die Gemeinde den Boden abtragen und lagern. Man wusste aber nicht, wie man dieses Material aufbereiten muss. So stark belastetes Material konnte man nirgends deponieren.

Die besagte Kommune dachte sich in ihrer Bedrängnis ein Verfahren aus, wo der verseuchte Boden in einen dicken Betontrog gefüllt wurde, über den eine Art Regenumhang gezogen wurde. Dann hoffte man, solange warten zu können, bis endlich eine sichere Behandlungsmethode gefunden wäre.

Bis vor kurzem war in Japan das Bewusstsein um die Gefährlichkeit des Dioxins noch nicht vorhanden. Die Informationen darüber gab es aber schon seit 18 Jahren. Die Unruhen wegen des Dioxin-Problemes in Tokorozawa kamen reichlich zu spät, dennoch waren sie durchaus positiv, weil man dadurch angefangen hat, sich ernsthaft um Lösungen zu bemühen. Man muss aber allgemein davon ausgehen, dass das gleiche Problem andere Verbrennungsanlagen in Japan ebenso betrifft.

Wie bereits erwähnt, sind durch den Einsatz des EM-Systems zur Einschränkung des Dioxins keine größeren Umbauten nötig; einfache Einrichtungen halten so die Kosten niedrig. Dieses System reduziert nicht nur die Dioxinbelastung in der Flug- und Restasche der Anlage, sondern auch die Geruchsbelästigung, verhindert das Aufkommen von Fliegen und Kakerlaken und kann auf diese Weise zusätzlich Hygiene-Probleme lösen. Es ist inzwischen klar geworden, dass sich die Bakterien im Boden, die den Abbau von Dioxin bewerkstelligen, durch die EM-Behandlung effizient vermehren können. Erwiesenermaßen können dank EM eine ganze Reihe dioxinauflösender Mikroorganismen zusammenleben.

Dioxine bilden Verbindungen, von denen nur die bis zum dreiwertigen Chlor relativ einfach durch Mikroorganismen zu lösen sind. Die darüber stehenden Polychloride bereiten den Mikroorganismen große Schwierigkeiten. Polychloride Dioxine verändern sich in hoch giftiges, vierwertiges Polychlorid-Dioxin, was bedeutet, dass es nicht in der üblichen Weise vor Ort aufgelöst werden kann. Aber durch Zugabe von EM können die polychloriden Dioxine nicht in andere Dioxine verwandelt, sondern in relativ kurzer Zeit aufgelöst werden.

Dazu kommt noch, dass uns mit dem Biomüll aus den Haushalten ein weiterer Faktor zur Zunahme der Dioxine erwachsen ist. Der im Biomüll enthaltene hohe Anteil Wasser senkt die Verbrennungstemperatur in den Verbrennungsanlagen und wird damit nicht nur zu einer Ursache für unvollkommene Verbrennung, sondern auch Auslöser für die Bildung von Chlorwasserstoff, der sich mit den Plastikanteilen verbindet und eine erneute Dioxin-Bildung fördert.

Die Behandlung des Biomülls mit EM im Haushalt selbst führt neben den hygienischen Verbesserungen zu einer Verringerung der Müllmenge insgesamt, zu saubererem Wasser, zur Verbesserung bei der Müllverbrennung und so automatisch zur Verringerung der Dioxinmenge. Wird der behandelte Biomüll zurück auf die landwirtschaftliche Fläche gebracht, entsteht obendrein qualitativ hochwertiger organischer Dünger. Damit können verschmutzte Böden zu höherwertigen Böden gemacht werden.

Das Dioxinproblem, vergleichbar mit der Anlage in Teshima in der Präfektur Kagawa, herrscht im ganzen Land. Dioxinbelastete Asche aus Verbrennungsanlagen wurde, ohne dass man sich der Gefahr bewusst war, deponiert. Später wurden darauf Schulen oder andere Gebäude errichtet! Auch die Dioxinbelastung solcher Flächen kann durch die EM-Technologie kostengünstig behoben werden.

Staatliche Vorschriften und internationale Richtlinien verzögern die Einführung neuer Richtlinien

Die Dioxinproblematik ist in gewissem Sinne das Thema der Zeit. Es fordert von uns dringend eine Lösung, egal welchem gesellschaftlichen System wir anhängen. Zusammen mit der Müllbeseitigung bildet sie eine bisher nicht da gewesene Dimension an finanziellen Anforderungen, die jeglichen Rahmen der Phantasie sprengt.

Seit der Aufregung in Saitama hat der Staat Gesetze erlassen und Richtlinien verfasst, nach denen sich die Kommunen zu richten haben. Es ist voreilig gedacht, dass uns das vorwärts gebracht hätte, denn der Staat neigt immer zu Lösungen, die mit viel Geldausgeben verbunden sind. Er hat keinen Schritt aus dem alten Denken herausgetan und keinen Versuch unternommen, die vorgebrachten Fragestellungen aufzunehmen.

Niemand ist bisher eigenverantwortlich tätig geworden. Das Volk schiebt jegliche Verantwortung auf die Regierung: »Ich zahle ja Steuern. Soll doch die Regierung dafür gerade stehen.« Die Regierung wiederum weicht jeder Verantwortlichkeit aus, indem sie ein Heidengeld für »absolut sichere Methoden« ausgibt und billigere, viel versprechende Methoden bewusst ignoriert. Die heute gängigen Maßnahmen gegen Dioxin basieren auf dem einmal gefassten Kriterium, um jeden Preis bestehende Anlagen »zurecht zu reparieren«. Die Kosten trägt natürlich wieder der Steuerzahler!

Aber es kommt ja noch schlimmer. Die Überlegungen des Staates für die nahe Zukunft gehen in Richtung großer Müllverbrennungsanlagen. Dafür sind jeweils Unsummen von vielen Milliarden Yen nötig. Schon überschlägig berechnet stellt das eine gewaltige Last für den Staatshaushalt dar. Allein für die Baumaßnahmen sind große Geldbewegungen von Nöten, die einem Konjunkturprogramm für die Bauindustrie gleichkommen und die Funktion einer Kapitallenkung haben. Großspurig heißt es: »Damit bekommen wir das Dioxin in den Griff.« Aber damit bekommt man nicht die Zustimmung des Volkes. Die Regierung stört es gar nicht, immer nur Geld und nochmals Geld auszugeben. Mit stolz geschwellter Brust verkünden die Politiker, dass »sie immer gute Politik gemacht haben«. Die von ihnen zu verantwortende völlig untaugliche Müllverbrennung ist eine riesige, historische Dimensionen erreichende Verschwendung, deren Rechnung spätere Generationen zu begleichen haben. Außer der Schwächung der staatlichen Kräfte hat es keine weiteren »Erfolge«.

In diesem Punkt ist Amerika interessant. Zur Zeit (2000) durchläuft Amerika die längste Periode konjunkturellen Wachstums seiner Geschichte.

Manche sagen, das sei »bubble economy«, die irgendwann platzen müsste. Aber doch ist der Unterschied zu japanischen Erfahrungen offensichtlich. Bis in die zweite Hälfte der achtziger Jahre strömten trotz oder gerade wegen der wirtschaftlichen Erfolge Wirtschaftsflüchtlinge in die USA, und so entstanden vielfältige gesellschaftliche Probleme; die Gesellschaft als Ganzes verfiel in eine Art Lethargie mit hohen ökonomischen Kosten.

Der Grund hierfür war, dass die Politik sich nach der Stimmung der Mehrheit richtete und bis in den Bereich der Selbstverantwortlichkeit der Bürger Regulierungen hatte. Genau betrachtet ist das die Lage Japans heute. Aber die Reagan-Administration erkannte den wunden Punkt, schaffte alle Regulierungen ab und baute auf die Selbstverantwortung des Einzelnen. Die Clinton-Ära vollendete diesen Ansatz und sonnt sich nun in einer blühenden Konjunktur. In einer überregulierten Gesellschaft kommen bei allem, was man tun will, sogleich Regulierungen ins Spiel. Wie ein Netz legen Privilegierte ihre Sonderrechte über das Gros der Bevölkerung, verteidigen ihre Position mit Zähnen und Klauen und beschneiden jeden Wunsch, etwas Neues wachsen zu lassen.

Weil die USA ein Vielvölkerstaat sind, haben sie schon mehrmals am Rande des Zusammenbruchs der gesellschaftlichen Strukturen gestanden, aber durch die allgemeine Überzeugung, dass Eigenverantwortung dem gesellschaftlichen Wohlergehen nutzt, ging es immer wieder gut aus. Es wurden dann zwar die Strafen verschärft, aber auch gewagte Regelerleichterungen hartnäckig vorangetrieben, was wiederum Eigeninitiativen zu spontanen Unternehmensgründungen ermöglichte. Die Kosten wurden gesenkt und die Früchte des Erfindergeistes kommen dem Einzelnen zu Gute.

Das ist der Hintergrund für die positive Grundstimmung in der Wirtschaft Amerikas, die im krassen Gegensatz zur Luftblasenökonomie Japans steht. Die einst von Selbstzweifeln geplagten Amerikaner haben ihren Stolz zurückgewonnen und sehen, wie die Kriminalitätsrate zurückgeht, die Sozialkosten sinken und die Anwendung des Internets überall vorangetrieben wird.

In letzter Zeit ist auch in Japan der Ruf nach Deregulierung lauter geworden, aber das genügt noch nicht. Nicht nur das Beispiel Dioxin zeigt, wie neuen Technologien Steine in den Weg gelegt werden. Wenn nicht bald ganze Kataloge von Bestimmungen abgeschafft werden, wird in Japan das zarte Pflänzchen der Eigenverantwortung bei den Freiwilligen bald wieder verwelkt sein.

Auch ich habe am eigenen Leibe das Übel der Überregulierung bei dem Thema »Chlor in Schwimmbädern« erfahren müssen. Nähme man statt

Chlor EM, könnten Kinder in Schwimmbädern voller Freude schwimmen, wobei das Wasser obendrein noch recycelt werden könnte. Ich habe mich schon lange für die Verbreitung einer solch guten Sache eingesetzt und mitsamt den gesammelten Daten meine Vorschläge eingereicht. Aber »aus gesetzlichen Gründen« – so heißt es – habe man meine Vorstellungen nicht realisieren können.

Der Zusatz von Chlor im Wasser stellt ein gesundheitliches Problem dar, das unbedingt gelöst werden muss. Sollte es neben EM andere Lösungen geben, so ist das auch gut. Aber wenn einmal etwas Usus oder Gesetz ist, treten immer irgendwelche Leute auf, die meinen, es müsse so bleiben. Dadurch verzögert sich der gesellschaftliche Fortschritt. Bei der Dioxinproblematik ist das genauso der Fall.

Wir müssen der Entstehung von Dioxinen unbedingt Einhalt gebieten! Wenn 90 Prozent des gesamten Ausstosses von Dioxin aus Müllverbrennungsanlagen herrühren, muss natürlich eben dort diese Entstehung unterbunden werden und dafür müssen die entsprechenden Bestimmungen selbstverständlich festgelegt werden. Aber zu einem Zeitpunkt, wo für die Problembewältigung auch Techniken zur Verfügung stehen, sollten die Bestimmungen diese ermöglichen. Seltsam, dass dies manchmal nicht der Fall ist. Um hier allen Missverständnissen vorzubeugen: Ich meine nicht, dass nur die EM-Technologie zu verwenden ist. Gleichgültig, ob man physikalische, chemische oder biologische Technologien wie EM verwendet, Hauptsache sie sind kostengünstig und gut. Wenn es gute Techniken gibt, so müssen sie angewendet werden. Ich behaupte nur, dass es problematisch ist, solche Technologien zu bremsen, ohne sie richtig bewerten zu können.

Die Verbreitung von Effektiven Mikroorganismen ist zur Lösung von Umweltproblemen nötig.

Da EM sich von den etablierten Technologien unterscheidet, ist die Annäherung vom Standpunkt heutigen technologischen Verständnisses nicht leicht. Beispielsweise wandeln Pflanzen Kohlensäuregas in andere Substanzen um und machen es damit unschädlich. Es gibt viele Mikroorganismen, die das Gleiche tun; sie verwandeln dieses Gas in Produktiv- und Umweltreinigungskräfte und durchstoßen mit Hilfe ihrer Enzyme und Antioxidationskräfte Grenzen, die für die bisherige Wissenschaft als unüberwindlich galten. Mit anderen Worten: Es gibt in der lebendigen Natur eine der Entropie entgegengesetzte Welt, die Welt der Syntropie. Eine grundlegende Lösung der Umweltprobleme kann nur dadurch herbeigeführt werden, dass die

Technologie ihr Denken in die Welt der Syntropie versetzt. Weil die EM-Technologie von der herkömmlichen Wissenschaft so schwer zu verstehen ist, kann sie Zustimmung nur durch überzeugende Leistungen gewinnen.

Bislang gibt es in Japan keine umfassende Datensammlung, welche Böden wo und wie verseucht sind. Es wurde von den zuständigen Personen abgelehnt, landwirtschaftliche Böden zu untersuchen. Sie fürchten, dass vieles, was unter den Tisch gekehrt worden ist, ans Tageslicht kommt. Von daher sollten andere staatliche und kommunale Institutionen auf eigene Faust mit diesen Untersuchungen beginnen. So stand in dem Bericht einer bestimmten Kommune, dass der Dioxinwert dort unterhalb der Durchschnittswerte läge. Daraufhin haben Freiwillige entsprechende staatliche Organe gebeten, Analysen durchzuführen, die, wie aus den Medien zu erfahren war, zehn- bis hundertfach darüber lagen. Die Wirklichkeit beweist, dass alles viel schlimmer ist, als man es sich in der Phantasie ausmalt. Vor 18 Jahren wurde in Japan zum ersten Male Dioxin aus Müllverbrennungsanlagen diagnostiziert. Zuvor waren dioxinhaltige Agrarpestizide allerdings schon lange verwendet worden. Über Jahre wurden kleine Müllverbrennungsöfen und individuell betriebenes Verbrennen enthusiastisch gefordert, sodass wir nicht wissen können, welche Mengen Dioxin in der Vergangenheit in die Umwelt gelangten; ohne verlässliche Daten ist keine zuverlässige Rechnung aufzustellen.

Derzeit liegt der zulässige Grenzwert bei vier Pikogramm täglich, ein im internationalen Standard äußerst lascher Wert. Ich plädiere für ein Pikogramm, denn mit diesem verschärften Wert sind die bisherigen Formen der Müllbeseitigung nicht mehr anwendbar und es müssen Schritte hin zu einem dritten Weg gefunden werden.

In Wako, in der Präfektur Saitama, hatten wir gute Resultate beim Abbau von Dioxin mit EM erzielt und schlugen die weitere Anwendung vor. Aber die Stadt hatte schon auf eine zuvor von Staatwegen eingeführte Methode gesetzt. Eine Änderung war nicht mehr möglich. So konnte, wie bereits erwähnt, die Anwendung von EM mit fundamental guten Resultaten nur in zwei, drei Städten realisiert werden. Die Bevölkerung dieser drei Städte überlegt nun, ins Internet zu stellen, wie es dazu gekommen ist, dass der Staat EM nicht anwenden will.

Man muss konstatieren, dass der Kenntnisstand über die Biotechnologie, und damit auch über EM, in Japan viel niedriger ist als anderswo. Das liegt an einem falschen Verständnis von Mikroorganismen. Mit O-157 (einem gefährlichen Kolibakterium) wird z.B. ein negatives Bild verbunden. Aber die uns umgebende Umwelt ist ein Meer von Mikroorganismen, durch deren Arbeit alles entweder in Richtung Verschmutzung oder Reinigung gelenkt werden kann.

Ebenso spürt der Mensch die negativen Folgen, wenn sich die schlechten Mikroorganismen vermehren; umgekehrt stellen sich positive Wirkungen ein, wenn sich gute Mikroorganismen vermehren. In unserem Darm arbeiten etwa zehn Milliarden Mikroorganismen, die ca. hundert verschiedenen Arten angehören. Sie sind einerseits für die menschliche Gesundheit da, gleichzeitig können sie aber auch für Bauchschmerzen, Durchfall, chronische Krankheiten und Krebs verantwortlich sein. Obsiegen die guten, bleibt man gesund, gewinnen jedoch die anderen, kommt es zu Erkrankungen. Genau die gleichen Vorgänge geschehen auch außerhalb unseres Körpers in der Umwelt. Daher sind wir verpflichtet dafür zu sorgen, dass sich in unserer unmittelbaren Umgebung die guten Mikroorganismen vermehren können. EM ist der Mittler zu einer solchen Vermehrung, den jeder von uns Zeit seines Lebens einsetzen sollte, damit er eine positive Resonanz in der Umgebung bewirkt, denn damit werden die wunderbarsten Dinge möglich! Ausgangspunkt für all dies ist die kontinuierliche Behandlung des Biomülls mit EM-Bokashi und der Fermentation von EM 1 im Reiswasser. Die Verwendung von EM in jedem Haushalt bedeutete eine 180-Grad-Wendung hin zu einer sauberen Umwelt. Jeglicher Abfall wird von einer Quelle der Verschmutzung zu einem Jungborn der Umweltreinigung.

Ein neues Wort macht die Runde: »Zero emission«. Es bedeutet Null Abfall, konkret: Recycling und Wiederverwendung. In Deutschland und anderswo hat diese Idee bereits begonnen die Gesellschaftsstruktur zu verändern. Bei uns in Japan findet man es komisch, dass dies die modernste Umweltmaßnahme ist.

Vorsicht ist allerdings geboten, wenn »Zero emission« dem Gesetz der Entropie folgen sollte, denn dann wird alles wieder zu Schmutz.

Das absolute Muss lautet: Umwandlung von Schmutzquellen in Reinheitsquellen. EM ermöglicht das. Gleiches gilt für die Dioxinbekämpfung, denn meine langjährige Erfahrung mit EM gibt mir die Gewissheit, ohne Übertreibung behaupten zu können, dass wir auch dieses Problem mit EM lösen können.

Durch die EM-Technologie eine Umwälzung in der Landwirtschaft

Nordkoreas fast vernichtete Landwirtschaft durch EM gerettet
In diesem Kapitel möchte ich über die Erfolge von EM in der Landwirtschaft berichten. Zu den Beispielen, wie eine Landwirtschaft trotz vieler vernichtender Schläge mit Hilfe von EM wieder auf die Beine kommen kann, zähle ich Nordkorea mit seiner Versorgungsproblematik.

Durch mein Buch »Eine Revolution zur Rettung der Erde« (1993), das ein Bestseller wurde, haben viele Menschen erst von EM erfahren. In der Folge kamen auch aus Nordkorea über Verbindungsleute Anfragen an uns, ob man EM dort nicht einführen könnte. In der Folge schickten wir Proben dorthin, wodurch wichtigen Persönlichkeiten dieses Landes EM an Hand von Beispielen erklärt werden konnte. Japan und Nordkorea unterhalten keine diplomatischen Beziehungen; ich habe als Angehöriger des öffentlichen Dienstes stets auf diesen Punkt geachtet. Aber da damals auf Grund der Situation nichts auf die lange Bank geschoben werden konnte, begannen die betreffenden Organe Nordkoreas sogleich mit dem Test von EM.

Ich wurde in die Leitung des »Zentrums zur Propagierung der internationalen Forschung von natürlichen Landwirtschaftsmethoden« berufen. Die erzielten Resultate erwiesen sich als unerwartet positiv. Da für die Zukunft eine große Nachfrage zu erwarteten war, kam eine nordkoreanische Delegation nach Japan, um hier EM einzukaufen. Das bedeutete natürlich eine erhebliche finanzielle Belastung. Gleichzeitig mit der Einfuhr des EM aus Japan arbeitete man in Nordkorea mit äußerster Verbissenheit daran, EM für den Eigenverbrauch selbst herzustellen. Doch das gelang ihnen leider nicht.

Zu jenem Zeitpukt, 1995, trat dann die Katastrophe der Miso-Überschwemmung mit den immensen Schäden auf. Das Land verwandelte sich mit einem Schlag in ein elendes Hungergebiet. Bereits seit Mitte der achtziger Jahre, aber besonders zu Beginn der neunziger, hatte sich die Versorgung mit Lebensmitteln erheblich verschlechtert. 1995 und 1996 erreichte die Misere ihren Höhepunkt. Nach der Überschwemmung kam es dann zu einer förmlichen Anfrage zur Einfuhr von EM durch die nordkoreanische Regierung.

Ich möchte ausdrücklich betonen, dass mir jede Art von dogmatischem Kommunismus missfällt. Aber so wie es um das Land bestellt war – die Menschen waren dem Hungertod ausgeliefert – konnte man es nicht im

Stich lassen. Auf Grund meiner humanistischen Einstellung entschied ich mich, mein Möglichstes zu tun. Die Hilfe bei Hungersnöten ist nicht eine Frage von Ismen, sondern eine zutiefst menschliche Frage. Meine allgemeinen Positionen zur Gesellschaft habe ich in »Eine Revolution zur Rettung der Erde« dargelegt.

Mir wurde berichtet, dass der verstorbene Vorsitzende *Kim Il Song* bereits EM kannte und gesagt hatte: »Das Zeug ist gut, lasst uns das mal ausprobieren«. Generalsekretär *Kim Jong Il* beschloss in der Zeit der größten Not auf diese Erkenntnis zurückzugreifen. Bei meinem ersten Besuch in Nordkorea im April 1996 erkannte ich das ganze Ausmaß der Schäden aus den Katastrophen. Überall sah ich bei der Flut eingestürzte Brücken, riesige verwüstete Flächen, auf denen keine Ernte mehr eingefahren werden konnte. Vor Ort wurde mir drastisch vor Augen geführt, dass das die Folge einer nicht enden wollenden Kette von Überschwemmungen und Trockenzeiten war. Wo EM im Einsatz war, wurden trotz der großen Flut noch relativ gute Ergebnisse gemeldet.

Obwohl sich Menschen in der Landwirtschaft ernsthaft bemühten, blieben auch wegen des Materialmangels erhoffte Erfolge aus. Die Situation in Nordkorea erinnerte mich an die auf Okinawa nach Ende des letzten Krieges, wo die Menschen den verwüsteten Feldern irgend etwas Essbares abzuringen versuchten. Die ursprüngliche Kraft des Bodens war verloren gegangen, die Menschen schienen sich in einer ausweglosen Situation zu befinden. Nordkorea stellte für mich eine ähnlich große Herausforderung dar.

Nur EM konnte helfen und das musste den Nordkoreanern kostenlos zur Verfügung gestellt werden. (Lediglich die Transportkosten wurden von der nordkoreanischen Regierung getragen.) Es wurde EM für etwa 50 000 Hektar eingeführt, was etwa einem Drittel der Fläche Okinawas entspricht. Just in jenem Jahr wurde das Land von einer großen Flut heimgesucht. Dennoch sah es auf den mit EM behandelten Böden noch ziemlich gut aus. Aber ohne Produktionseinrichtungen für EM war dieses Land nicht zu retten. Mein Entschluss: Mit Unterstützung der nordkoreanischen Zentralregierung sollte im Schnellverfahren eine Fabrik aus dem Boden gestampft werden, die auch dann tatsächlich im Frühling 1997 mit der Produktion begann.

So kann von 1997 als eigentlichem Beginn einer EM-Landwirtschaft in Nordkorea gesprochen werden, da nun überall Modelleinrichtungen für Tests entstanden waren. Hier war keine Zeit zu verlieren, auf der Basis gesammelter Daten wurde sukzessive EM ausgebracht; es war eine Art Premiere ohne Generalprobe.

Im selben Jahr noch wurden 300 000 Hektar vorwiegend Nassfelder mit EM behandelt. Schon bei der Herbsternte fiel die Ertragssteigerung auf. Im nächsten Jahr, 1998, hatte sich die Produktivitätskraft durch EM noch verbessert; es wurde nun bereits auf 600 000 Hektar ausgebracht. Die Menschen hatten sich nun an EM gewöhnt und wendeten es jetzt auch geschickter an. Das alles sollte 1999 aber noch besser werden. Nun waren es bereits eine Million Hektar, die komplett auf EM umgestellt worden waren. Mein Besuch in Nordkorea fiel in die Erntezeit, sodass ich im Anblick der blühenden Reiskulturen immer wieder in Bewunderung ausbrach.

Nordkorea nach einer schlimmen Hungersnot
In jüngster Zeit ist Nordkoreas Versorgungslage nicht mehr im Scheinwerferlicht. Das ist logisch, denn Nordkoreas einstmals existenziell bedrohliche Ernährungskrise ist besiegt worden. Das lässt sich an Hand konkreter Zahlen belegen. Der Gesamtertrag an Getreide lag 1999 nach offiziellen Angaben bei 4 280 000 Tonnen, das entspricht fast der Menge von 1992 mit 4 200 000 Tonnen.

Dieses Ergebnis kommt der Rückkehr zur Selbstversorgung gleich. Hierüber ist auch in japanischen Zeitungen berichtet worden. Am 28.10.1999 wurde in der Republik Südafrika die »Internationale Konferenz für natürlichen Landbau« abgehalten, von dem eine gemeinsame Erklärung ausging, dass »mit EM die Selbstversorgung Nordkoreas wieder möglich werde«.

Ich hatte zu Beginn meines Einsatzes in Nordkorea noch etwas voreilig erklärt, dass in zwei Jahren die Versorgungsproblematik gelöst sein würde. Ich täuschte mich nur um ein Jahr. Die Gründe für die Verzögerung lag in dem noch ungewohnten Umgang mit EM, einen noch größer gewordenen Mangel an Brennstoff und völlig ungenügenden Transportmöglichkeiten.

Unter diesen ungünstigen Umständen hat man sich tapfer geschlagen; kaum glaublich, dass man das Ziel nur um ein Jahr verfehlt hatte. Viele Menschen mag es da etwas seltsam anmuten, dass dann von Japan aus etwa 100 000 Tonnen Reis als Hilfslieferung nach Nordkorea verschickt werden sollen.

Trotz der guten 99er Ernte reicht sie noch nicht ganz für Reserven aus. In Anbetracht der zuvor durchlaufenen Hölle der Hungersnot ist es wohl besser, die Hilfe anderer Länder entgegennehmen zu können. Man kann aber ausschließen, dass das Land noch einmal in eine schwere Versorgungskrise geraten wird.

Dafür gibt es einen Grund. Nordkorea hat begonnen – was bisher nur in beschränkten Gebieten in Südkorea möglich war – Winterweizen anzubauen, und zwar mit Hilfe von EM!

Er wird als Zweitfrucht nach der Reisernte gepflanzt. Damit wurde eine Ernteertragssteigerung ohne Ausweitung der landwirtschaftlichen Flächen möglich. Ich hatte diesen Vorschlag gleich bei meinem ersten Besuch in Nordkorea gemacht. »Warum baut ihr nicht nach der Ernte noch Weizen an?«»Tja, dafür ist die Temperatur leider zu niedrig. Wenn wir die Reisfelder vorbereiten müssen, wird es für die Setzlinge zu spät. Das ist auch teilweise im Süden der Fall. Da werden die Schwierigkeiten nur noch größer.« »Das stimmt nicht. Mit EM steigt die Bodentemperatur, das reduziert die Reifezeit für Reis und Weizen. Ihr solltet das gleich einmal ausprobieren.«

Ihre Ablehnung gründete auf der niedrigen Temperatur. Die Wintertemperaturen dieses Landes sind für Weizen zu niedrig. Mein Optimismus begründete ich mit Ergebnissen aus Untersuchungen, die ich im ersten Jahr gewonnen hatte. Sollte es daher nicht mit Hilfe von EM möglich sein, die Bodentemperatur um zwei bis vier Grad Celsius zu erhöhen?

Dieses Phänomen war mir schon von Japan vertraut. Wenn man auf Hokkaido oder im nördlichen Teil von Honshu EM auf den Böden ausbringt, schmilzt dort der Schnee bis zu drei Wochen früher als anderswo.

Nun verfuhr man auch in Nordkorea nach meinen Vorschlägen. Anfangs nur auf 3000 Hektar, dann auf 30 000 Hektar und 170 000 Hektar. Über die Jahre wuchs die Fläche immer weiter an, bis 1999 300 000 Hektar erreicht waren. Damit ist südlich von Heigo die Maisernte nach Plan verlaufen. Der Hektarertrag bei Reis betrug fünf Tonnen. Die Gesamternte an Weizen belief sich 1999 auf 700 000 bis 800 000 Tonnen.

Der Grund, warum sie nicht gerne Winterweizen anpflanzen wollten war, dass sie fürchteten, die Reifezeit für den Reis würde dann nicht mehr ausreichen, selbst wenn man unmittelbar nach der Weizenernte die Setzlinge ausbrächte. Reis war ihnen wichtiger als Weizen. Deswegen wollten sie anfangs nicht mit dem Weizen anfangen.

Meine Erfahrung von einigen Jahren Einsatz mit EM ist, dass der Weizen nach der Reisernte prächtig gedeiht und sie dies nun auch verstanden haben. Auch in Nandao am Gelben Meer, einer Nassfeldgegend, ist der Weizen erfolgreich eingeführt worden. Wenn ohne Ausweitung der kultivierbaren Fläche der künftige Ertrag von Weizen auf über eine Million stiege, so könnte man das eine durch EM ausgelöste »Zweite Agrarrevolution« nennen.

Ursachen für die Versorgungskrise in Nordkorea

Es waren drei Gründe, weshalb Nordkorea in eine Versorgungskrise geraten war. Der erste war die seit über 50 Jahren auf Kunstdünger basierende Landwirtschaft. Heute heißt es in Bezug auf Nordkorea: »Kinder hungern« und »das Volk flieht, weil es nichts zu essen gibt«. Einst übertraf seine landwirtschaftliche Produktion aber die seines Nachbarn Südkorea.

Als einmal Südkorea von einer großen Flutkatastrophe heimgesucht worden war, wurden von Norden aus Lastwagen voller Hilfsgüter und Reis geschickt. Das war vor 27 oder 28 Jahren. Das ist Vergangenheit! Aber schon damals löste dieses Verhalten einiges Ungemach zwischen den beiden Ländern aus. Damals wurde auch von Japan Reis nach Südkorea zur Unterstützung geliefert. Dabei handelte es sich um frisch geernteten Reis, der aus Nordkorea war aber Reis aus Vorräten. Die empfangende südkoreanische Seite zeigte sich ziemlich taktlos überrascht und meinte erzürnt: »Wollen die uns etwa Tierfutter schicken?« Die nordkoreanische Seite erwiderte: »Was soll das? Ihr könnt doch nicht an unserem guten Willen zweifeln!« So entstanden heftige Dissonanzen. Der gute Reis aus Japan hat diese Streitigkeit verursacht, mit Sicherheit hatten die Japaner aber keine bösen Absichten. Es ist wirklich nicht leicht, jemanden etwas zu schenken.

Bald darauf begann Nordkorea auf der ganzen Linie hinter Südkorea zurückzufallen. Das ganze Dilemma nahm seinen Anfang in der übermäßigen brüderlichen Hilfe in Form von Kunstdünger aus der Sowjetunion.

Damals produzierte Nordkorea mehr Strom, als es selbst verbrauchte. So konnten Stickstoff, Phosphat, Kali und andere Kunstdünger hergestellt werden. Nordkorea benutzte damals mehr Kunstdünger und seine Ernten waren auch höher. Mir sind die Details der damaligen Situation nicht genau bekannt, nur fiel mir der erschreckend schlechte Zustand der Böden auf.

Wenn man von der Regenmenge und der Wärme ausgeht, sollte der Boden dunkel und leicht alkalisch im mittleren Bereich sein. Wieso war er sauer und rot? Eine rote Färbung ist generell ein Merkmal für den übermäßigen Einsatz von Kunstdünger. Damit wird kurzfristig der Ernteertrag gesteigert, jedoch leider auch der Alterungsprozess des Bodens beschleunigt. Die nützlichen Mikroorganismen im Boden werden extrem dezimiert. Um dann einen gleich bleibenden Ernteertrag zu gewährleisten, muss wie bei einem Drogensüchtigen das Quantum ständig erhöht werden. Mit dem Zusammenbruch der Sowjetunion zu Beginn der neunziger Jahre hörten auch die Kunstdünger-Lieferungen auf. Die Stromknappheit wurde chronisch, die in Nordkorea erzeugte Menge Kunstdünger war äußerst gering. Das ist der Hintergrund für die Stagnation Nordkoreas seit 1991.

Der zweite Grund kam wie ein Schicksalsschlag in Form von »Schädlingen«, den Reiswürmern. Ich hatte bei meinem ersten Besuch dort den Eindruck, dass die Einwohner die Schärfe der Problematik bis dahin noch gar nicht richtig begriffen hatten.

Der Reiswurm stammt aus Amerika; dort hat er natürliche Feinde, in Asien jedoch nicht. So ist er auch auf den Philippinen zu einem großen Problem geworden. Von dort ist er in der ersten Hälfte der achtziger Jahre nach Japan in die Provinz Aichi eingeschleppt worden und hat dort riesige Schäden angerichtet. Japan entwickelte damals rasch ein wirksames Regulierungsmittel, dessen Auswirkungen einen herben Rückschlag für den ökologisch ausgerichteten Teil der Landwirtschaft bedeutete. In der zweiten Hälfte der achtziger Jahre wurde der Reiswurm auf die koreanische Halbinsel eingeschleppt. Südkorea importierte dann alles an Vernichtungsmitteln aus Japan, deren es habhaft werden konnte.

In Nordkorea traf der Reiswurm auf eine Landwirtschaft, die auf Grund der oben geschilderten Gründe am Boden lag. Die Auswirkungen des Reiswurm-Befalls waren nicht zu übersehen. Aber man verstand damals nicht, welchen horrenden Schaden er anrichten kann.

Der Reiswurm pflegt seine Eier auf Hügeln bei nahe gelegenen Nassfeldern abzulegen. Im zweiten Jahr nach der Eiablage ist er ausgebrütet und beginnt seine »Schädlingslaufbahn«. In Unkenntnis dieser Tatsache hatte man Erde von den umliegenden Bergen abgetragen und als Humus auf die Felder verteilt. Diesen Transport machten die Reiswürmer einfach mit und gelangten so mühelos auf die Felder. Dort fraßen sie die Felder wie Haarschneidemaschinen ab. Der Ernteertrag fiel auf die Hälfte oder ein Drittel.

Erst die Verschlechterung des Bodens durch Kunstdünger, dann der Mangel an Dünger und nun der schicksalhafte Schlag der Reiswürmer. Die Folge war, dass die nordkoreanische Landwirtschaftsproduktion von 1993 auf 1994 in eine äußerst kritische Lage geriet, ohne Vorräte dann 1995 den entscheidenden Schlag durch die große Überflutung versetzt bekam.

Da sich aber durch die Anwendung von EM die Reiswurmeier nicht entwickeln können, breiteten sie sich nun nicht mehr weiter aus. Dafür kennen wir viele Beispiele in Japan. Und in der Tat sind in Nordkorea Schäden durch Reiswürmer seit der Verwendung von EM ausgeblieben.

Systemdefizite verschärken Naturkatastropen und menschliches Leid
Der dritte Grund liegt an den Mängeln im System. Alle menschlichen
Handlungen, die nicht auf Situationsbewertungen basieren, sondern als
Befehl von oben angeordnet worden sind, werden mechanisch ausgeführt.
Wenn es zum Beispiel heißt:»An dem Tag X muss das Pflanzen fertig
sein«, dann werden ohne Berücksichtigung der Witterung und der Temperatur die empfindlichen Pflänzchen ausgebracht. Dann ist womöglich noch
die Sorte festgelegt, sodass damit jede Eigeninitiative als Regelverstoß
bestraft wird. Eine in sich so verhärtete Politik muss zwangsläufig zu einem
großen Handicap für die Landwirtschaft werden.

Die Mängel der nordkoreanischen Landwirtschaft wurden durch Naturkatastrophen und menschliche Unzulänglichkeiten noch verstärkt, dennoch
kann man behaupten, dass der fundamentale Fehler im System begründet
lag, denn wie hätte EM sonst schon nach einem so kurzen Zeitraum von drei
Jahren durchschlagenden Erfolg gehabt? EM gab den Menschen die Gelegenheit, trotz aller mechanischer Befehle von oben, mit Fleiß und Beharr-
lichkeit auf eine Revitalisierung der Landwirtschaft ihres Landes und damit
für die Sicherstellung der eigenen Bedürfnisse hinarbeiten zu können.

Mit der Verwendung von EM als Richtschnur des Staates mussten sich
alle Beteiligten, in erster Linie aber die Landbevölkerung, nolens volens an-
passen. Tatsächlich blieb ihr angesichts des extremen Mangels an Dünger
auch keine andere Wahl. Manche Bauern konnten sich erst einmal nicht
recht vorstellen, dass diese merkwürdige Flüssigkeit tatsächlich wirken
sollte. Andere, die von jeher nur auf Kunstdünger vertraut hatten, leisteten
entschiedenen Widerstand. Da aber nun jeder EM anwendete, stellte sich
dessen Wirkung auch prompt in einer für den konventionellen Landbau
unglaublichen Schnelligkeit ein.

Tag für Tag tat das Fernsehen sein Bestes, um der Landwirtschaft Kenntnisse über EM samt seiner Erfolge vor Augen zu führen. Bald wussten
selbst die Allerkleinsten über EM Bescheid. Letztendlich steigerte es das
Vertrauen des Volkes in Generalsekretär Kim Jong Il, der die endgültige
Entscheidung für den Einsatz von EM getroffen hatte. Im Jahre 1999 wurde
als vierte grundlegende Devise für die Ausrichtung der Landwirtschaft des
Volkes – neben der Produktveredlung, einer bodengerechten Anpflanzung,
und der Verbesserung technischer Grundlagen – die »Verbesserung der Ernten durch EM« gewürdigt. Bislang war die durchführende Gruppierung um
die staatliche Akademie konzentriert gewesen; nun wurde ein System festgelegt, in dem die Partei, die Landwirtschaftsakademie und der Landwirt-

schaftsminister gemeinsam auf die Realisierung hinarbeiteten. Bei meinem erneuten Besuch im Mai 2000 kam es auf vier Sitzungen zu einer vertieften Aussprache über Maßnahmen zur besseren Wirksamkeit dieses Systems. Ich glaube, dass damit die grundlegende Entscheidung zur Lösung der Versorgungsproblematik gelegt wurde.

Die Kraft von EM, die Landwirtschaft eines Landes grundlegend zu verändern

So, wie ich die Entwicklung bereits dargestellt habe, ist die Verbreitung von EM in Nordkorea vielleicht mit dem Bild eines unter vollen Segeln dahin fahrenden Schiffes zu beschreiben. Aber es gab auch störende Elemente, wie etwa die Vermeidung des Buchstabenkürzels »EM«. Als ob sie es selbst entwickelt hätten, verwendeten sie eine selbst geprägte Bezeichnung »Organischer Kombinationsdünger«.

Nachdem sich dessen positive Wirkung manifestiert hatte, entbrannte in den Führungszirkeln ein Machtkampf, wobei diejenigen, welche am Hebel der Macht saßen, behaupteten, ihr von EM abgekupfertes Produkt sei »viel besser als das aus Japan eingeführte Zeug«. Vieles, was sich Leute so ausdenken, löst bei mir nur Kopfschütteln aus und mir fehlt jedes Verständnis, dass diese Herren mit einer so seltsamen Theorie unser EM herunterputzten und es somit zwei volle Monate außer Gebrauch setzten.

Die Konsequenz war, dass 1999 an Stelle der angestrebten 150 bis 200 000 Tonnen nur 100 000 Tonnen geliefert wurden. EM ist ja neben Reis und Mais auch bei Obst und in der Tierzucht zu verwenden, aber da diese Bereiche nicht ursprüngliche Einsatzziele waren, sagte Nordkorea einfach, dass sie dort keinen Bedarf sähen. Eine völlig unangemessene Reaktion! Mir war bald klar, dass wir deswegen ein ganzes Jahr verlieren würden. Das erregte heftigen Zorn in mir und ich gab ihnen gegenüber folgende Erklärung ab: »Ihr habt uns um Hilfe bei euren Schwierigkeiten gebeten, sodass wir Projekte in anderen Ländern zurückstellen mussten, um mit einem neunstelligen Yen-Betrag aushelfen zu können. Obwohl euer Land in einer äußerst kritischen Phase steckte, habt ihr euch von morgens bis abends nur mit Profilierungskämpfen beschäftigt und Nordkorea dabei großen Schaden zugefügt. Soll dieses verrückte Spielchen etwa die Zielrichtung eures Landes bestimmen? Macht nur weiter so! Persönliche Beziehungen basieren auf Vertrauen, ohne hundertprozentige Verlässlichkeit ist keine partnerschaftliche Kooperation aufzubauen. Wir haben sogar unsere Häuser beliehen, um durch EM mit seinen vielfältigen Einsatzmöglichkeiten dem

Ideal des Sozialismus dienen zu können. Haben wir nicht gerade deswegen das ›Internationale Freundschaftsinstitut zur Erforschung von EM‹ gegründet? Die Handlungen der koreanischen Seite sind gegen die Grundlagen der Beziehungen eines Volkes mit dem Ausland gerichtet. Ihr verhaltet Euch uns gegenüber äußerst unhöflich. Sollte sich das fortsetzen, werden wir das Projekt unverzüglich abbrechen, die EM-Fabrik sprengen und zurückkehren.«

Unserem Ansprechpartner, dem stellvertretenden Komiteevorsitzenden der Akademie der Wissenschaft, lief der kalte Schweiß über den Rücken. Er suchte nach Ausreden, stammelte Entschuldigungen und versprach, von nun an würde alles grundlegend besser werden. Tatsächlich ist das System, welches ich bei meinem letzten Besuch antraf, das Resultat dieser Krise. Mit dem neuen Direktorium ist auch wieder das Kürzel EM in Gebrauch genommen. Insgesamt bringt man mehr Verständnis für unsere Belange auf und erkennt an, dass wir mit unseren Krediten weit über das Maß des Üblichen hinausgegangen sind.

Daher haben wir letzten Endes beschlossen, den nächsten, im zweijährigen Turnus stattfindenden internationalen Kongress über »EM und ökologischer Landbau« von 19. bis 23.9.2000 in Pyöngyang in der »Großen Halle der Volkskultur« abzuhalten (in Zusammenhang mit dem koreanischen und japanischen Außenministerium). Aus Japan haben sich bislang über 100 Teilnehmer angesagt; das Programm steht fest, nun muss das Ganze nur noch stattfinden.

Da es als internationale Konferenz geplant ist, werden sich Teilnehmer aus vielen Ländern einstellen. Wie verlautet, hat Nordkorea die Absicht, die Lage seiner Landwirtschaft offen zu präsentieren. Unter der Direktive des Generalsekretärs Kim Jong Il werden die betreffenden Organisationsleiter mit Selbstbewusstsein vortragen, dass die Tendenz in der Weltlandwirtschaft zur Abschaffung von Kunstdünger und Pestiziden voranschreitet und sich zum biologischen Landbau unter Berücksichtigung der ökologischen Zusammenhänge wandeln wird. »Die leuchtenden Erfolge mit EM in der Sozialistischen Volksrepublik Korea können zum Leitbild der künftigen Weltlandwirtschaft werden«.

Selbst wenn Nordkorea heute noch Düngerhilfe vom Bruderstaat im Süden erhält, wird das aber nicht auf ewig so bleiben können, denn man will nicht länger auf diese Hilfe zurückgreifen müssen. Das Leitbild der nordkoreanischen Landwirtschaft ist eine sichere, fundamental auf der Anwendung natürlicher Ressourcen des eigenen Landes ausgerichtete Methode, daher wird die Verbreitung von EM nun auch mit solchem Nachdruck betrieben.

Ich vermute, dass die Leitung einer solchen Konferenz durch Nordkorea wohl eine ganze Reihe Probleme aufwerfen wird. Es wäre die passende Gelegenheit darzustellen, wie EM mit der Perspektive verwendet wird, die Landwirtschaft eines Landes »umzudrehen«. Sollte aber das ganz auf die Wahrung seines Gesichtes erpichte Nordkorea nicht das nötige Selbstvertrauen aufbringen, alle Probleme offen anzusprechen, sollte diese Konferenz eher abgesagt werden.

Als Information für andere Länder möchte ich hier über das Versorgungssystem Nordkoreas berichten. EM-Mikroorganismen brauchen Samen-Bakterien, die vom »Internationalen Freundschaft EM-Forschungsinstitut« hergestellt werden. Diese Einrichtung war zur Erinnerung an den 50. Jahrestag der Staatsgründung als Symbol des gemeinsamen Bandes von der nordkoreanischen Regierung, der koreanischen Vereinigung und unserer EM Research Organization gegründet worden.

Die hier gezüchteten Kulturen werden im »Zentrum für Dünger aus komplexen Mikroorganismen« wiederum vermehrt, womit in den über das ganze Land verteilten EM-Produktionsstätten EM 1 erzeugt wird. Gegenwärtig gibt es etwa 120 solcher Orte, die 1999 etwa 100 000 Tonnen hergestellt haben. Für 2000 ist eine Produktion von über 150 000 Tonnen vorgesehen.

In der Anfangszeit fasste die Landbevölkerung kein Vertrauen zu EM. Bei Anweisungen von oben hieß es oft: »Uns passt das Zeug nicht und wir benutzen es auch nicht, solange wir keinen Dünger bekommen.« und »Ohne Pestizide läuft gar nichts!«

Auch wenn man EM ohne rechtes Zutrauen einsetzte, kamen aber dann doch vorher nicht erreichte Resultate heraus. Dann hieß es auf einmal: »Das hat uns eine so große Ernte beschert, wie wir sie noch nicht gesehen haben.« Zuvor gab es immense Probleme beim Transport, mal hieß es, es sei kein Kraftstoff da, dann keine Fahrzeuge. Nun ergriffen die Bauern selbst die Initiative und halfen sich, indem sie den Stoff selbst abholten. Diese grundlegende Wandlung vollzog sich innerhalb nur eines Jahres.

Entwicklung zu einem sozialistischen Staat mit Kreislaufwirtschaft
Wir haben nun die Erfahrung eines dreijährigen Einsatzes von EM in Nordkorea gesammelt. Ganz augenfällig ist der sprunghafte Anstieg der Ernteerträge von Reis. Reiskäfer und andere »Schädlinge«, die Reisbrand und

ähnliches auslösen, sind durch EM stark dezimiert worden. In Japan können pro zehn Ar neun bis zehn Säcke Reis jährlich geerntet werden, dieses Niveau haben wir mit EM nun auch in Nordkorea erreicht. Zuvor lag der Ertrag im günstigsten Fall bei drei Sack. Bei Mais fuhr man pro Hektar zwei Tonnen ein, jetzt sind es fünf Tonnen. Die Böden Nordkoreas waren durch den Kunstdünger extrem belastet, außerdem entweder zu trocken oder zu nass. Größere Regenmengen blieben an der Oberfläche, ohne in den Boden zu versickern. Dabei wurde die Krume weggeschwemmt, was zu einer zunehmenden Verödung weiter Bereiche führte. Hinzu kamen noch die besagten strukturellen Mängel. Seitdem EM umfassend zum Einsatz gekommen ist, haben weder Regenfälle noch Trockenperioden zu verheerenden Schäden geführt. Obwohl im Frühjahr 2000 überhaupt kein Regen gefallen war, wuchs der Mais trotzdem prächtig.

Die Böden sind kaum wieder zu erkennen, so locker sind sie, das Pflügen darauf wird zum reinsten Vergnügen und zwei Ernten im Jahr sind mit Leichtigkeit zu erreichen. Ich habe über Reis und Weizen bereits berichtet; nun pflanzt man im Frühjahr Gemüse und Mais an, und noch bevor dies alles im Frühherbst reif ist, werden kleine Chinakohl-Setzlinge vorbereitet. Wenn der Mais bereit zur Ernte ist, wird Porree gepflanzt. Im Frühjahr werden alle Felder einmal umgepflügt, sodass ein mit EM behandelter Boden auch in Schattenlagen hervorragende Ernten beschert. Selbst unter Obstbäumen wird Gemüseanbau möglich; der Nutzwert landwirtschaftlichen Bodens steigt dramatisch an und dient sozusagen als Vorbild für unser gemeinsames Leben und Wohlergehen. Der kombinierte Anbau von Weizen, Mais und Gemüse ist hier nun ermöglicht worden.

Auch der bei der städtischen Abwasserreinigung anfallende Klärschlamm wird mit EM wirksam behandelt und als organischer Dünger bester Qualität weiter verwendet.

Es gibt hier noch etwas, was in Japan längst der Vergangenheit angehört. In Nordkorea werden menschliche Fäkalien gesammelt, die man mit EM fermentiert und als Flüssigdünger weiter verwendet. Dank EM kommt es auch hierbei zu keiner Geruchsbelästigung oder zu Hygieneproblemen mit Fliegen und Küchenschaben. Hier ist das perfekte Modell eines Materialkreislaufs entstanden. Die beim ökologischen Landbau besonders auftetenden Probleme mit Darmbakterien und Parasiten werden durch die Verwendung von EM vollständig gelöst, denn die von EM produzierten Antioxidantien unterdrücken die Vermehrung schädlicher Mikroorganismen, d.h. durch die Störung, die bestimmte Enzyme verursachen, funktioniert ihre Fortpflanzungsfunktion nicht mehr korrekt.

Ähnlich verhält es sich mit der Wirkung von Umwelthormonen, die für Tiere so schädlich sind. Es trifft sich gut, dass EM diese Umwelthormone auflöst und so die Fortpflanzungsfähigkeit höherer Lebewesen normalisiert. Die frohe Botschaft daraus lautet, dass viele Männer, die sich über Jahre für zeugungsunfähig hielten, nach Einnahme von EM-X in der Lage sind, gesunde Kinder zu zeugen.

Viele Japaner trinken EM 1 ihrer Gesundheit wegen. Auch in Nordkorea beginnt sich diese Angewohnheit auszubreiten. Immer öfters hört man hier nun:»Durch EM 1 bin ich gesund geblieben«. Dabei muss man sich natürlich den Arzneimangel in Nordkorea vor Augen halten! Da mit dem Trinken von EM der üble Geruch der menschlichen Exkremente ausbleibt und sich gesunde (Darm)Pilze vermehren, steigt der Nährwert des Düngers. So schlägt man zwei Fliegen mit einer Klappe mit unterschiedlichsten Vorteilen in vielen Bereichen. Die Besonderheit des EM-Landbaus liegt nicht nur in den Feldprodukten an sich, sondern für Natur und Umwelt, Menschen und Tiere wird eine positive Kettenreaktion ausgelöst.

Agrarpestizide wirken nicht nur gezielt auf Krankheiten übertragende »Schädlinge« ein, leider üben sie auch auf den damit arbeitenden Menschen, auf Tiere und Böden in jeglicher Hinsicht überaus negative Einflüsse aus. Dieser so erzeugte negative Kreislauf bringt die moderne Landwirtschaft völlig aus dem Gleichgewicht. Außerdem weiß man heute, dass über 60 Prozent der Agrarpestizide Grundstoffe für gänzlich unerwünschte Umwelthormone sind. Von daher sehen sich die entwickelten Länder geradezu gezwungen, einen dritten Weg einzuschlagen. In diesem Sinne kann EM einen bedeutenden Beitrag leisten.

Aber wo eine Verschmutzung durch chemische Substanzen so unübersehbar manifest ist, bedarf es einiger Zeit zur Verbesserung der Situation. In Nordkorea gab es »dank« des Mangels an Kunstdünger, Pestiziden und Energie über lange Zeit hinweg einen ökologischen Landbau, wie wir ihn einstmals kannten. Das bedeutet im Endeffekt, dass hier auch die Verseuchung der natürlichen Umwelt durch chemische Stoffe gering ist, was unserem EM entgegenkommt und wohl in kurzer Zeit positive Resultate hervorbringt.

Man kann dies also »nachträglich« als Glück bezeichnen. In diesem Land ist es bereits jetzt durch den landesweiten Einsatz von EM zu ersten akkumulierenden Resultaten gekommen, sodass wir in Nordkorea unmittelbar vor einem syntropiefähigen »guten Kreislauf« stehen. Ich sage voraus, dass Nordkorea in naher Zukunft zu einem Nahrungsmittelexporteur werden wird. Ich werde mich darin nicht irren, wie es falsche Propheten nach Art eines Nostradamus mit ihren unheilschwangeren Thesen taten.

Nordkorea hatte 1999 erstmals nach langer Zeit wieder eine gute Ernte, wobei die Bedeutung des Wortes »gut« in anderen Ländern zu Missverständnissen geführt hat. In diesem Fall bedeutet es das Erreichen des Ernteertrags von 1992; daher sollte man eigentlich eher von einer Rückkehr zur Normalität sprechen.

Man könnte auch meinen, wenn das Wetter gnädig ist, fällt eine Ernte gut aus. 1999 passten in Nord Korea zufällig viele Faktoren zusammen. Könnte man nach diesem Jahr nicht wieder zurückfallen, wenn es hier und da zu Überschwemmungen oder anderen Naturkatastrophen kommt?

Mit der Einführung von EM wurde die Landwirtschaft dieses Landes allmählich stabilisiert, und sie wird nicht mehr das Schicksal des bisherigen Landbaus erleiden, denn sie hat nun festen Boden unter den Füßen. Auch bin ich der Meinung, dass die gute Ernte von 1999 nicht allein von guten meteorologischen Bedingungen bestimmt war, denn das erste Halbjahr war sehr trocken, das zweite brachte für den Süden erhebliche Überschwemmungen.

Stichwort Überschwemmungen: Ich habe dort mit eigenen Augen erlebt, wie erschreckte Menschen, die Zeit ihres Lebens am selben Ort gewohnt hatten, berichteten, dass sie niemals so etwas erlebt noch für möglich gehalten hätten. Das Wasser stand auf manchen Feldern mit den gerade ausgebrachten jungen Pflänzchen vier, fünf Tage lang. Normalerweise hätte dies Null-Ertrag bedeutet, aber hier konnten mit EM noch etwa 60 Prozent der Normal- ernte erwirtschaftet werden. Die Erfahrung dieser Menschen lautet, dass nach zwei bis drei Tagen Überschwemmung mit über 50 Prozent Ernteverlust zu rechnen ist. Auch dieses Szenario lehrt uns, wie EM der Landwirtschaft dieses Landes die Eigenkräfte zurückgegeben hat.

Die Verwirklichung von Rudolf Steiners Ideal

Vor kurzem ist es zum ersten positiven außenpolitischen Kontakt zwischen Nordkorea und den Vereinigten Staaten gekommen. Mit Japan wurden erste Gespräche über die Normalisierung der Beziehungen aufgenommen. Auch das erste Gipfelgespräch mit Südkorea endete ohne Komplikationen, seither ergaben sich zaghafte Fortschritte. Man kann behaupten, dass hinter dieser neuen positiven Gestimmtheit ein wiedergewonnenes Selbstvertrauen durch die Lösung der Ernährungsfrage steckt.

Bisher konnte die internationale Politik in den Beziehungen zu Nordkorea stets die Trumpfkarte der Nahrungsmittelhilfe ausspielen, wobei immer die Tendenz bestand, dieses Land zu unterschätzen. Erst wenn sich die internationale Gemeinschaft darüber klar wird, dass dieses Argument nicht mehr sticht, kann es zu essentiell guten Beziehungen mit Nordkorea kommen. Anstatt nur immer in den Wunden dieses Landes zu rühren, sollte man das Land kooperativ in seinem Streben nach dem sozialistischen Ideal unterstützen und ihm den Weg als befreundeten Partner in die internationale Gesellschaft ebnen. Ich habe mir durch meine Hilfe bei der Lebensmittelversorgung in Nordkorea im eigenen Land viel Kritik bis hin zu den wüstesten Beschimpfungen als »Propagandasprachrohr« etc. eingehandelt. Mich bedrückt es sehr, dass Menschen so kurzfristig denken.

Ferner wurde mir vorgeworfen, EM habe etwas von Religion an sich, weil ich die Welterrettungstheorien von *Mokichi Okada* verehren würde. Keiner schlachtet das mehr aus als die Anti-EM-Gruppe MOA. Was ich will, ist in wenigen Worten gesagt: Rückkehr zu natürlichen Anbaumethoden. Mein Standpunkt und meine Aktivitäten sind überkonfessionell, sie stehen jenseits von Politik, Ökonomie, Ideologie und Wissenschaft. Wir arbeiten an der Schaffung der Voraussetzungen zur Konstruktion einer zukünftigen Gesellschaftsform, wo ein friedvolles, gedeihliches Zusammenleben aller Länder möglich ist. Um für ein solches Verständnis zu werben, werden die von EM überzeugten Menschen in die ganze Welt hinausfliegen, damit so viele Menschen wie möglich von EM erfahren und davon überzeugt werden können. Das ist unser wichtigstes Prinzip. Ich habe versucht, die EM-Technologie an das Denken Okadas anzubinden. Die von ihm erhoffte natürliche Landbaumethode ist mit EM Wirklichkeit geworden.

Rudolf Steiners Lebensphilosophie der Biodynamik mit seinen ökologischen, natürlichen Anbaumethoden steht in völliger Deckungsgleichheit zu Okadas Gedankenwelt. Es ist die Vorstellung von der Natur als Gott. Steiners Biodynamik ist eine Art des organischen, ökologischen Landbaus. Die EM-Technologie unterstützt diese Ideen und deren Verwirklichung. Darin liegt auch der Grund meines Engagements in Nordkorea. Meine Gedanken waren, dass das, was dort als idealer Sozialismus und Chuche-(Autarkie)-Ideologie angestrebt wird, mit EM verwirklicht werden wird.

Anlässlich der Einfuhr von EM nach Nordkorea habe ich dort allen Beteiligten meinen diesbezüglichen Standpunkt klargemacht. Nach meinem Verständnis bedeutet Sozialismus, dass jedem Bürger eines Staates Kleidung, Nahrung und Wohnung garantiert sind; dass er ein friedliches

Leben in einer wunschgerechten Umwelt ohne Sorgen bei etwaigen Krankheiten führen kann, und dass unter Gedankenfreiheit ein angemessener Wettstreit untereinander ermöglicht wird. Ist der Wettbewerb einmal aufgegeben, und sind dennoch die Grundbedürfnisse garantiert, dann gewinnt der Einzelne auch die Stärke, sich auf neue Wege hinauszuwagen. Meine Gedanken über den Sozialismus gehen in diese Richtung.

Meine Vorstellungen habe ich der nordkoreanischen Führung offen dargelegt. Sollte die EM-Technologie vollständig vergesellschaftet sein, ist der nächste Schritt für die Sozialistische Volksrepublik Korea, den Subjektivismus ins Zentrum des Ideals des Sozialismus zu stellen. Die Realisierung dieses Ziels unter Mitwirkung von EM wird Nordkorea das nötige Selbstvertrauen geben, um in die internationale Gemeinschaft zurückzukehren. Ich versuchte die Führung von folgendem Gedanken zu überzeugen. Wenn der Sozialismus auf der ganzen Welt mit Ausnahme eines einzigen Landes verloren hat, wird dieses eine Land zu einer Schatztruhe der Menschheit des 21. Jahrhunderts werden.

Sie bestätigten mir, dass sie diese Hoffnungen teilten, aber ich bin mir nicht sicher, ob sie die Tragweite meiner Worte ganz verstanden haben, denn eines ist klar, wenn Nordkorea sein Ernährungsproblem mit EM lösen kann, werden sich so auch seine außenpolitischen Beziehungen verändern.

Die Krise der koreanischen Halbinsel kann friedlich gelöst werden
Nebenbei sei erwähnt, dass ich seit der Einführung von EM nach Nordkorea auch wiederholt in Südkorea gewesen bin. Im Dezember 1999 verursachte ich dort einen kleinen Skandal, als ein von mir aufgezeichnetes Video im südkoreanischen Fernsehen ausgestrahlt wurde. Damit hatte ich in ein Wespennest gestochen.

Gleich zu Beginn der Sendung erklärte ich in dem Begleitinterview, dass die Landwirtschaft des heutigen Nordkorea saniert und mit der Ernährung alles im Lot sei. Sollten die beiden koreanischen Staaten auf einem Gebiet kooperieren wollen, dann ist es bei der unbedingt friedlichen Lösung des Konfliktes auf der koreanischen Halbinsel. Mein Kommentar kam am folgenden Tag in den Zeitungen groß heraus.

»Dieser japanische Professor Higa hat irgendwie recht,« war der Eindruck der einen, andere reagierten ablehnend und hielten alles für Lüge und Propaganda: »Als wir aus Nordkorea flüchteten, waren die dort bitterarm.« Ich begegnete auf meinen Vortragsabenden stets dem gleichen Tenor:

»Wenn es wirklich so wäre, wie erklären Sie dann, dass sie Nahrungsmittel von uns haben wollen?«

»Weil die Hungersnot vier, fünf Jahre angedauert hat und es keine Vorräte mehr gibt. Auch ihr Südkoreaner wollt doch stets ein paar Tonnen Reserve haben. Ich bin fest davon überzeugt, dass die nordkoreanische Landwirtschaft im kommenden Jahr bereits deutliche Fortschritte machen wird, nur wenn eine schlechte Ernte kommt, könnte es problematisch werden. Das ist alles schwer zu verstehen, wenn man wie Sie noch keine Erfahrung mit Hungersnöten gemacht hat.«

»Dann ist die Sonnenscheinpolitik unseres Präsidenten wohl nicht falsch?«

»Das stimmt. Ich halte sie für sehr gut.«

»Sie behaupten, um einen weiteren Krieg auszuschließen, wäre nur noch die Versorgungsfrage zu lösen?«

»Vorsitzender Kim Il Song wollte den Einigungsprozess der koreanischen Halbinsel unter dem Motto »Ein Volk – zwei Regierungen« auf intelligente und behutsame Weise herbeiführen. Der damalige Präsident Kim Jong Sam hatte sich entschlossen, Gespräche darüber aufzunehmen, wie die Fragen der Vereinigung zu lösen wären. In gewisser Hinsicht ist das sein Wahlversprechen geworden. Dieser Prozess wurde durch den plötzlichen Tod von Kim Il Song unterbrochen. Aber in gewissen Sinne ist dies ein internationalisiertes Versprechen Nordkoreas geworden. Es heißt, Generalsekretär Kim Jong Il zeige sich an der Fortsetzung des Prozesses äußerst interessiert.«

»Das wussten wir nicht, uns haben Vorstandsvorsitzende großer japanischer Konzerne, die von einem Besuch in Nordkorea zurückkamen, nur berichtet, wie trotz Hungersnot Kriegsvorbereitungen liefen und sie uns daher zu äußerster Vorsicht rieten.«

»Noch etwas ist uns aufgefallen. Wenn man sich das nordkoreanische Fernsehen anschaut, dreht sich ziemlich viel darum, bei der Bevölkerung Kriegsbegeisterung zu schüren. Muss man da nicht den Eindruck gewinnen, die seien scharf auf einen Krieg?«

»Aber das macht Kim Jong Il nur, weil sein Land gerade aus einer Hungersnot mit vielen Toten herausgekommen ist und er damit sein Volk zusammenschweißen will. Südkorea hat in der Vergangenheit bei internen Konflikten die Verantwortung stets auf die Japaner als Bösewichte geschoben, das war der gleiche Trick. Wenn China und Taiwan in kriegerische Scharmützel verwickelt waren, lief dieses Programm mit dem Erzschurken Japan auch ständig so ab, nur damit sich das Volk am Riemen riss. Schaut man sich das Qualitätsniveau der Flugzeuge, den Zustand der Straßen, der Lastwagen, das industrielle Niveau, selbst die Versorgungslage für Kleinteile wie Bolzen, aber auch die internationalen Beziehungen an, begreift man schnell, dass ein Krieg den Selbstmord Nordkoreas bedeuten würde. Das wissen sie selbst sehr gut, daher erhoffen sie sich auch nichts von einem Krieg.«

Ein weiterer Vorwurf an Nordkorea in seiner Notlage lautet, »dass die Unterstützungsleistungen anderer Staaten oder internationaler Hilfsorganisationen nur die Armee und nicht das einfache Volk erreicht.«

Dagegen ist schwer etwas zu sagen. Die Transporteinrichtungen funktionieren nicht in genügendem Maße, es herrscht extremer Treibstoffmangel, sodass zumeist gar keine Transporte möglich sind. Diese Erfahrung haben wir zu unserem Leidwesen auch mit EM öfter gemacht. Zudem besteht der unangenehme Usus, je nach Zugehörigkeit zu einer sozialen Schicht etwas von der Lieferung »organisieren« zu dürfen, womit dann dem eigentlichen Adressaten nicht mehr viel bleibt. Diese Angewohnheit gibt es jedoch auch in Südkorea.

Sie würden sich eher die Zunge abschneiden, als zuzugeben, dass der Transport im Land nicht funktioniert. Das erinnert mich an die Samurai im alten Japan, denen der Konfuzianismus eine allzu übertriebene Wahrung des Gesichts vorschrieb. Die internationale Gemeinschaft sollte versuchen, sich in die nicht einfache Lage Nordkoreas zu versetzen, ohne gleich alles auf isolationistische Tendenzen zu schieben. Früher war das mit Südkorea ganz ähnlich. Es ist heute zu einem wohlhabenden Mitglied der internationalen Gemeinschaft geworden; so wird es auch beim heute noch feindlichen Bruder im Norden sein.

In Berichten japanischer Massenmedien heißt es immer wieder, dass »sich die Armeen des Nordens intensiv auf den Kampf vorbereiten«. Diese Truppen werden doch auch wie die japanischen Selbstverteidigungstruppen sofort bei Naturkatastrophen und diversen regionalen Projekten als billige Hilfskräfte mobilisiert, daneben müssen sie Einsätze bei der Feldbestellung und Ernte fahren. Das sind die Eindrücke, die ich bei meinem Aufenthalt dort gewonnen habe.

Der derzeitige weltweite Trend der Landwirtschaft geht weg von Kunstdünger und Pestiziden und hin zu organischem, naturnahem Landbau. Wenn nun Nordkorea hinter der so genannten modernen Landwirtschaft weit hinterherhinkt, können sich gerade hier die Kräfte von EM besonders leicht entfalten.

Das ist Glück im Unglück, denn für Nordkorea besteht die Chance, durch die weitere gründliche EM-Anwendung eher als Japan oder ein anderes Land die Landwirtschaft mit einer funktionierenden Kreislaufwirtschaft zu realisieren, indem die Umwelt geschont wird und die Gesundheit der Bevölkerung bewahrt bleibt. Die Voraussetzungen hierfür sind geradezu ideal.

So stellt sich mir die tatsächliche Lage Nordkoreas dar, aber auch in Südkorea hat EM weite Verbreitung gefunden, allein in Seoul wissen 40 bis 50 Leute sehr gut über EM Bescheid, in Pusan sind mindestens 200 Umweltschützer mit ganzer Kraft um die Propagierung von EM bemüht. Der bekannte Leiter des dortigen Roten Kreuzes, Herr *Bei Meichan,* ist nach wie vor ein leidenschaftlicher EM-Verfechter, der sich an vielen Orten um die Einrichtung von Biomüll-Anlagen mit EM bemüht, von denen es bislang schon 16 gibt. Bei meinem Aufenthalt 1999 in Pusan hieß es, dass bereits 500 000 Haushalte EM-Abfallrecycling betrieben. Für 2002 rechnet man bereits mit einer Million Haushalten.

Landwirtschaft, in der nur gesät und geerntet wird
Warum ist dieses tolle EM in einem so wichtigen Land wie Japan nicht überall anzutreffen? Eine oft gestellte Frage. Nun ja, es ist recht weit verbreitet, sodass man keineswegs behaupten kann, es sei im Land seiner Geburt etwas verspätet akzeptiert worden. Weshalb diese gute Sache nicht überall anzutreffen ist, hat spezifische Ursachen.

Der Grund ist eindeutig. Mit der Verbreitung einer EM-Landwirtschaft werden viele Probleme bekommen. Warum? Das wird deutlicher, wenn man sich die ideale Form des EM-Landbaus vor Augen führt: »Sicher und bequem, zu niedrigen Kosten, mit hohem Ertrag in guter Qualität, dauerhaft die Umwelt schonend und die Volksgesundheit garantierend.« Unter vollständiger EM-Anwendung wird die Arbeit des Bauern nur noch aus Säen und Ernten bestehen. Diesen Idealtypus möchte ich hier in Stichpunkten konkreter fassen:

1. Verwirklichung einer Landwirtschaft ohne Pestizide und Kunstdünger.
2. Wildkraut-Regulierung ohne chemische Mittel.
3. Ackern ohne zu pflügen.
4. Landwirtschaft mit einem Ressourcenkreislauf, der die Umwelt schont.
5. Landwirtschaft, die auf echte Qualitätsverbesserung ihrer Produkte hinarbeitet.
6. Sicherstellung der Wirtschaftlichkeit beim Anbau.

Nach dem Krieg entstand in Japan durch den Einsatz von Pestiziden und Kunstdünger eine sehr ertragreiche Landwirtschaft mit den damit verbundenen Industrien. Diese chemischen Mittel wurden im Laufe der Zeit weiter entwickelt, mit der Folge, dass sich ein Beharren auf erworbenen Rechten festgesetzt hat. Selbst wenn eine solche Landwirtschaft Schäden durch Insekten und Krankheiten verhindert, ist und bleibt es mit der sukzessiven Zerstörung der Böden eine Form der Selbstvernichtung.

Noch als diese Landwirtschaft in höchster Blüte stand, waren mir ihre Schädlichkeit und Begrenztheit bereits bewusst; deshalb bemühte ich mich schon vor 20 Jahren um die Entwicklung von Agrarmethoden, die auf Pestizide und Kunstdünger verzichten.

Heute ist selbst in der Hochburg der chemischen Landwirtschaft, den USA, ein klarer Trend zur Abkehr von diesem Teufelszeug sichtbar. Über 60 Prozent der Pestizide gelten als Grundstoff für aggressive Umwelthormone. Kunstdünger entwickelt Freie Radikale, die Schadstoffe im Boden aktivieren. Aber solange es keine Technik gab, die diese Mittel ersetzten konnten, war es kaum möglich, Pestizide und Kunstdünger einfach wegzulassen. In Amerika verfährt man nach dem Motto »trial and error – Lernen durch Erfahrung«, da man im Gegensatz zu Japan gewohnt ist, schnelle Entschlüsse zu fassen.

Die Gefährlichkeit einer Verseuchung durch chemische Stoffe ist landesweit erkannt und sie wird dementsprechend zunehmend durch Einschränkungen bekämpft. Selbst wo es noch keine Ersatztechnik gab, führte kein Weg mehr zurück, bis dann in dieser Situation EM auftauchte. »Ach ja, ist da nicht auch dieses EM?« Unter Bauern und Viehzüchtern fand diese Erkenntnis rasche Verbreitung.

Ich war von Anfang an der festen Überzeugung, dass EM das Einzige ist, was an die Stelle der herkömmlichen, modernen Techniken der Landwirtschaft treten kann. Daher habe ich all die Zeit laut hörbar auf seiner Bedeutung bestanden und mich um seine Verbreitung bemüht. Ironischerweise erhalte ich dafür eher Anerkennung im Ausland als in Japan selbst. Noch vor wenigen Jahren habe ich durch die MOA-Gruppe und die japanische Akademie für Düngung Tiefschläge einstecken müssen. »Scheinheiliger, Schwindler!« »Das hat mit Religion zu tun!« – Das war viel Spott, dem meine Frau mit neurotischen Todeswünschen begegnete. Aber ich war bereits damals von der Richtigkeit meiner Ideen überzeugt. Nichts konnte mich mehr davon abbringen. Immer wieder brachte die MOA öffentliche Anschuldigungen gegen mich vor. Erst Ende Mai 2000 erhielt ich ein Entschuldigungsschreiben. Derzeit prüfe ich noch, ob es ernst gemeint ist und damit der Ruf von EM wieder hergestellt ist.

Die Situation für EM hat sich gewandelt, es erhält nun Anerkennung vom Staat und den Kommunen. Nach 37 Jahren stehen zum ersten Male Korrekturen an den Gesetzesgrundlagen für die Landwirtschaft an. Hier erfolgt ein grundsätzlicher Kurswechsel weg von der Forderung nach großflächigen und nur an Produktion orientierten Großbetrieben hin zur Steigerung der Selbstversorgungsrate, der Aktivierung regionaler bäuerlicher Strukturen, des Umweltschutzes und der dauerhaften Wahrung der Verbraucherinteressen; kurzum zu einer Landwirtschaft vielfältiger Strukturen. In dieser Situation darf EM natürlich nicht fehlen und gibt der Verbreitung der EM-Technologie zunehmend Schubkraft. Zum ersten Mal richtet nun auch die Politik ihre Aufmerksamkeit auf EM.

Ich hatte von mehreren Parteien die Aufforderung erhalten, vor deren Parlamentariern über EM zu sprechen. An der Arbeitsgruppe von Parlamentariern nehmen auch die zuständigen Referatsleiter der Behörden teil. Damit ist EM tief in die Zirkel von Politik und Verwaltung eingedrungen. Es wurde eine überfraktionelle Parlamentariergruppe zu Umweltfragen Japans mit dem Schwerpunkt EM gegründet.

Wie bereits im Kapitel über Dioxine erwähnt, bleibt noch die Frage nach der Regelung angestammter und angemaßter Rechte. Da es jedem Unternehmen oder Betroffenen leicht gemacht werden sollte, auf EM zu wechseln, habe ich meinem Willen zur Kooperation deutlich Ausdruck verliehen. Wer dies verpasst, gewinnt gar nichts. Ich konnte an kompetenter Stelle mit Beispielen die Fähigkeiten von EM vermitteln, sodass sich die Möglichkeit abzeichnet, die Verbreitung von EM im Lande zu beschleunigen.

Geschäftlicher Profit und Verbesserung der Umwelt

Jeder, der sich intensiver mit Landwirtschaft beschäftigt, wird Ihnen sagen: Hier ist kein Geld zu verdienen, und in der Tat gehen die meisten Bauern leer aus. Warum? Es liegt an den konstruktiven Mängeln der heutigen Landwirtschaftstechnologie, die einfach keine Überschüsse zulassen. Dabei wäre mit der Landwirtschaft durchaus Geld zu verdienen, ohne dass es zu einer mühsamen Plackerei kommen müsste. Dafür sind nur zwei Vorgänge in der Landwirtschaft unerlässlich: die Aussaat und – wenn die Zeit reif ist – die Ernte. Diese beiden Arbeiten kann man sich nicht ersparen, alles andere erübrigt sich mit der EM-Technologie. Wenn sie also nur zwei zeitlich einzugrenzende Arbeiten zu verrichten haben, werden die Bauern auch keine Verluste machen.

Nehmen wir das Thema Wildkraut jäten. Anfangs wird Reiskleie gestreut und darauf stark konzentriertes EM gesprüht. Auf Grund der Gärung werden sich an der Oberfläche Resultate zeigen, die jedes »Unkrautvernichtungsmittel« übertreffen.

Auf dem Boden befindliche, mit EM behandelte organische Reste, wie Ernterückstände, verhindern ebenfalls Wildkrautbewuchs, darunter wimmelt es von Regenwürmern, die zur Auflockerung des Bodens beitragen. Pflügen wird unnötig, ebenso düngen, falls doch einmal gedüngt wird, dann natürlich mit Bioabfällen, Naturdünger oder Rückständen aus der Viehwirtschaft, alles kostenlose Rohstoffe, die fast in beliebiger Menge zur Verfügung stehen.

Müssen nun nicht wegen der »Schädlinge« Pestizide ausgebracht werden? EM steigert die Antioxidantionskräfte des Bodens und verstärkt zudem die magnetischen Resonanzwellen, wodurch »Schädlinge« an der Verbreitung von Krankheiten gehindert werden. Marienkäfer, Gottesanbeterinnen, Libellen und andere Nützlinge vermehren sich. Falls die Notwendigkeit besteht, kann EM auch im Haus zur »Schädlings«-Regulierung genommen werden.

Ein kleiner Hinweis: In einen Liter Wasser jeweils 100 Milliliter EM 1 und Melasse (Nahrung für EM) geben, gut vermischen, eine Woche dicht verschlossen stehen lassen, nur von Zeit zu Zeit das Gas entweichen lassen. Als nächstes jeweils 100 Milliliter Essig und Schnaps dazu geben und zur Gärung bringen. Zur Steigerung der Wirkung roten Pfeffer, Knoblauch und Wegerich zufügen. Das ganze wird anschließend zum Gebrauch 300- bis 500fach mit Wasser verdünnt.

Wenn ich mir genau überlege, was ich brauche und dem genau folge, bleibt nichts weiter zu tun. Solche Gedanken waren an sich nichts Neues für Bauern und andere, mit der Landwirtschaft vertraute Praktiker, aber sie schienen bislang nicht in die Praxis übertragbar. Mit einem Schlag ist das unsägliche Motto »Landwirtschaft ist ein mühseliges Geschäft« vom Tisch, denn mit EM haben wir eine Landwirtschaft, wo es einem auf jeden Fall erspart wird, etwas zu tun, was man nicht zu tun braucht; so kann man sich eine ganze Menge Arbeit sparen.

Auf diese Weise wird die Landwirtschaft zu einem einträglichen Metier, das uns viel herkömmliche Mühe erspart. Das Nachfolgerproblem wird gelöst sein und im Einklang mit der Größe und Erhabenheit der Natur eine ideale Form der Landwirtschaft betrieben werden können.

Das ist nicht alles, denn wie bereits erwähnt, werden alle von Pestiziden und Kunstdünger der modernen Landwirtschaft hervorgerufenen Umweltverschmutzungsprobleme durch die EM-Methode gelöst. Ein gesunder Boden wird wieder die großartige Fähigkeit erlangen, die Schadstoffe des sauren Regens, Dioxine und andere chemische Verbindungen unschädlich zu machen. Selbst die Luft sollte so gereinigt werden.

Selbstverständlich werden auch Flüsse und das Grundwasser wieder sauberer werden. Das Wasser, das über Äcker und Reisfelder die Gewässer erreicht, bildet ein wunderbares Ökosystem für Fische und andere Lebewesen im Wasser. Die Bauern können auf Pestizide verzichten und den Nebeneffekt genießen, durch ihre Arbeit gesund zu werden. Eine solche Landwirtschaft ist Ausgangspunkt der Umweltsanierung und eine Rohstoffressource, mit deren Produktionsweise die Gesundheit aller Menschen bewahrt werden kann.

Und noch etwas: Ein weiterer Grund, warum die heutige Landwirtschaft nicht einträglich arbeiten kann, fällt weg: der übermäßige Einkauf überflüssiger, nicht notwendiger Dinge. Heute zahlen Bauern für Samen, Kunstdünger und Agrarpestizide, zudem schaffen sie sich riesige Maschinenparks an. Das ist einfach zuviel, damit kann man nicht ertragreich wirtschaften. Richtiger Anbau mit EM und Züchtung eigenen Saatguts wird nach zwei, drei Jahren gute Qualitäten hervorbringen und dann werden die kostspieligen chemischen Helfer »nicht mehr ins Haus kommen«, wodurch Einnahmen und Ausgaben nicht mehr negativ auseinander laufen. Kaufen? Nein! Verkaufen? Ja! Nur noch Säen und Ernten – das muss doch ganz einfach die Profitabilität stärken. Mit EM ist die Landwirtschaft im wahrsten Sinne des Wortes kreativ geworden, wo doch quasi aus dem Nichts ein Haben erwächst.

Die konventionelle, moderne Landwirtschaft verschlingt Unsummen und versinkt im Sumpf der von ihr selbst erzeugten Umweltkatastrophe. EM macht zudem den Einkauf von genmanipulierten Samen überflüssig. Werden Düngerproduktion und Viehwirtschaft produktiv verkoppelt, systematisch Biomüll kompostiert, alle organischen Stoffe wie etwa herabfallende Blätter bis hin zum Toilettenwasser mit EM zu Rohstoffen verarbeitet, dann wird die landwirtschaftliche Produktivität enorm gesteigert. Die Landwirtschaft des 21. Jahrhunderts muss eine Umwelt sanierende, in sich vollkommene Kreislaufwirtschaft darstellen.

Ein klar ersichtlicher Beweis für den Materialkreislauf am Beispiel eines Entwicklungslandes

EM besitzt die Kraft, die Landwirtschaft von Grund auf zu verändern. Es eröffnet den Weg zu einem verlustfreien Materialkreislauf in der Landwirtschaft und zur gleichzeitigen Reinigung der Umwelt. Dabei lassen sich Bio- und Produktionsabfälle, Gülle und andere organische Stoffe in nützliche agrarische Rohstoffe verwandeln. Im Folgenden möchte ich an einem erfolgreichen Beispiel zeigen, wie im kleinen Rahmen mit Hilfe von EM ein agrarischer Materialkreislauf zur Umweltverbesserung beitrug.

Im Norden der Republik Südafrika befindet sich die University of the North. Dort begann man vor etwa zehn Jahren mit Tests für verbesserte Verfahren bei der Aufzucht von Geflügel und Fischen sowie für die Landwirtschaft allgemein zu forschen. Man hat z.B. in rechteckige Teiche Fische zur Aufzucht eingesetzt und dann über dem Teich Hühnerställe angebracht, damit der Kot den Fischen als Nahrung dienen konnte. Anschließend plante man, das Wasser für die Bewässerung im Gemüseanbau zu verwenden.

Die Idee war ausgezeichnet, aber der Erfolg selbst nach zehn Jahren noch nicht gesichert, sodass die Verbreitung nicht vorankam. Wenn sich auf der hygienischen Seite eine Verschlechterung einstellte, wurden die Fische leicht krank und das Gemüse wuchs bei weitem nicht so gut wie beim Einsatz von Kunstdünger. Die Fischteiche waren häufig bakteriell verseucht, sodass eine intensive Desinfizierung notwendig war. Das waren zusätzliche Kosten, die den erhofften Erfolg des Projekts in Frage stellten.

Wie mir Prof. *Jacobus Prinsloo* berichtete, hatte am Anfang des Experiments alles nach einem schnellen Gelingen ausgesehen, aber dann zog sich vieles in die Länge und im April 1999 bat er mich schließlich um Rat. Ich dachte mir sogleich, dass dies ein Fall für EM sei.

Mein Vorschlag war, umgehend EM einzusetzen. Als ich mir im folgenden Juni den Fall selbst vor Ort anschaute, war EM im gesamten System zum Einsatz gekommen; das Geflügel produzierte gute Eier, die Ställe stanken nicht mehr und das einstmals stinkende Wasser der Fischbecken war, als ich es mit der Hand schöpfte, völlig geruchlos und transparent, ohne die zuvor üblichen Bläschen auf der Oberfläche.

Die Gemüsesorten – Tomaten, Gurken, Möhren, Rote Beete, Mais – gediehen prächtig. Ursprünglich war der rote Boden auf Grund seiner Übersäuerung für die Landwirtschaft ungeeignet gewesen. Aber dank EM ist hier der Weg zu einer umweltfreundlichen Landwirtschaft geebnet worden, in der mit dem Kot der Geflügelhaltung Fische gefüttert und das Wasser aus den Teichen wiederum zur Bewässerung im Gemüseanbau verwendet werden kann.

Als ich im September 1999 anlässlich der Internationalen Tagung für natürliche Landwirtschaft die Universität wieder besuchte, hatte sich diese Methode bereits bewährt und ihre Wirksamkeit auch an anderen Orten nachgewiesen.

Dass in einer Landwirtschaft ohne Pestizide, Kunstdünger und Pflügen keine Notwendigkeit zur Wildkrautregulierung besteht, überrascht immer wieder Menschen, die von der Landwirtschaft nichts verstehen.

Wir Menschen nahmen unsere eigenen Exkremente und die der Tiere, die städtischen Abwässer etc. stets als unvermeidliche Schmutzquelle und Faktor der Zerstörung unserer Umwelt hin. Ich habe hingegen stets behauptet: Mit EM verändern sich diese Stoffe zu wertvollem Rohstoff für die Landwirtschaft oder für die Verbesserung der Umwelt.

Gerade dieser Standpunkt ist in Ländern mit fortgeschrittenen Abfallentsorgungssystemen so schwer zu akzeptieren, aber er lässt sich an Beispielen in Entwicklungsländern ganz offensichtlich belegen. Selbst der stellvertretende Studienleiter der University of the North zeigte sich von den Ergebnissen mit EM so überrascht, dass er in einem Gespräch mit mir begierig nach weiterführenden Informationen zur Lösung dieser Probleme fragte. »Das Volk im Norden Südafrikas ist von Armut, Krankheit und Umweltzerstörung heimgesucht. Daher wünsche ich mir, dass die EM-Technik großflächig eingeführt wird und meine Universität hierbei als Stützpunkt mitarbeiten kann.«

Daraufhin machte ich folgenden Vorschlag: »Ich werde Ihnen einen Spezialisten aus unserem EM-Forschungszentrum schicken, den Sie bitte als Gastprofessor einstellen wollen. Die Bezahlung und die Ausgaben für die Forschung übernehmen selbstverständlich wir. Da beste Aussichten auf positive Resultate bestehen, soll auf dem Universitätsgelände eine EM-Produktionsstätte und ein entsprechendes Versorgungssystem entstehen, wo Bauern zu niedrigen Preisen einkaufen können. Die Einnahmen verwenden Sie als Forschungsbeitrag, für Stipendien an herausragende Studenten, sowie für lokale Modelleinrichtungen. Für die Deckung unserer Ausgaben behalten wir fünf bis zehn Prozent des Endpreises ein. Die Verwendung der Geldmittel insgesamt werden wir in gemeinsamen Gesprächen abklären.«

Auf diese Weise fing alles an. Diese Form der Zusammenarbeit hat sich auch an der Earth Universität in Costa Rica bewährt und führte zu Veränderungen bei der Bananenproduktion, in der Tierhaltung, Landwirtschaft und der Denkweise beim Umweltschutz in Lateinamerika. Da Südafrika im Norden an Botswana und Simbabwe grenzt, ist die Verbreitung in diese Länder leicht. Die EM-Verbreitung in Botswana hat bereits in Tierproduktionszentren begonnen; auch in Schutzgebieten für bedrohte Tierarten hat man sich für den Einsatz von EM entschieden.

Auf Grund fehlender finanzieller Ressourcen dieser Länder empfahl ich den Einsatz von ODA (Entwicklungsgelder). Wenn möglich sollten es japanische Finanzmittel sein, aber natürlich können auch Mittel aus anderen Ländern verwendet werden.»Wenn ein Budget für Umwelt und Landwirtschaft vorhanden ist, werden wir alles andere auf Unkosten-Basis leisten.«

Blühende menschliche Beziehungen durch die Arbeit mit EM
Wenn EM in Gebieten eingeführt wird, wo die Landwirtschaft mit großen Problemen konfrontiert ist, kann es die Probleme lösen und die Richtung für eine neue Landwirtschaft vorgeben.

Kawasaki in der Präfektur Kanagawa ist eine Großstadt von über eine Million Einwohnern, besitzt jedoch noch landwirtschaftliche Aktivitäten. Die konventionellen Methoden verursachen aber Umweltschäden. Die landwirtschaftlichen Flächen um die Bauernhöfe sind voller Pestizide, auch die Viehhaltung macht mancherlei Probleme.

Daher strebt die Stadtverwaltung von Kawasaki nun auf einen umweltschonenden Typus landwirtschaftlicher Produktionsweise an und legte hierfür grundsätzliche Richtlinien fest. Zum Modellfall wurde ein etwa ein Hektar großes Stück bewirtschaftetes Nassfeld eines Bauern im Stadtgebiet. Noch vor etwa fünf Jahren wurden hier ganz konventionell Kunstdünger und Pestizide ausgebracht, bis man dann auf Empfehlung auf EM umstieg.

Das Niveau japanischer Landwirtschaft ist sehr hoch. Je eifriger der Bauer ist, desto sicherer ist er in seiner herkömmlichen Anbaumethode. Auch wegen langjähriger Zusammenarbeit in den Kooperationsverbänden sind Bauern bei der Einführung neuer Methoden vorsichtig. Auch der besagte Bauer in Kawasaki zog zunächst einmal misstrauisch die Augenbrauen hoch, als er über EM in Kenntnis gesetzt wurde.

Doch die Lektüre meines Buches »Eine Revolution zur Rettung der Erde« weckte sein Interesse, und da nun auch erste Versuche mit EM gute

Resultate versprachen, wechselte er in unser Lager über. Im Folgenden stelle ich Ihnen einen Auszug aus dem Bericht über seinen Erfahrungsprozess mit EM vor:»Meine ersten Versuche mit EM führte ich in Handarbeit mit den Tomaten im Gewächshaus durch, denen ich zum Teil zusätzlich zur gewohnten Behandlung noch EM-Bokashi gab. Bei den EM-Pflanzen fiel der Ertrag am höchsten aus. Obwohl ich alleine arbeitete, breitete sich diese Kunde aus und fünf, sechs Kollegen begannen sich für mein Experiment zu interessieren. In der Folge hörte ich, dass Bauern auf der Halbinsel Miura beim Anbau von Rettich EM anwandten. Das wollte ich mir doch einmal persönlich anschauen, fuhr also hin und erfuhr zu meiner großen Überraschung, dass die Bauern dort auf zehn Ar Land 15 000 Rettiche zogen, wo es bei uns in Kawasaki mit Müh und Not gerade zur Hälfte langte. Bald nach Gründung der EM-Arbeitsgruppe erhielt ich eine Anfrage von der Stadt Kawasaki, ob ich nicht als Mitglied eines Zirkels von Modelleinrichtungen in umweltschützender Landwirtschaft Hausabfälle als Dünger einsetzen wolle. In einer dreijährigen Versuchsphase erzielte ich hervorragende Ergebnisse mit Taro (Süßkartoffeln) und Chinakohl.

Meine damaligen Bioabfälle kamen von einem in der Nähe gelegenen Restaurant. Mir war bald klar geworden, dass solche Abfälle bestens geeignet waren und ich war begierig, noch mehr davon in die Hand zu bekommen. Jemand berichtete mir, dass im Bürokomplex der NEC täglich etwa 300 Kilo Küchenabfälle anfielen. Diese holte ich mir nun ab, um sie dann mit EM weiter zu behandeln.

Mein »Kunstdünger« bestand aus Küchenabfällen und Reiskleie, die mit EM fermentiert wurden. Nach der Analyse eines landwirtschaftlichen Forschungslabors waren Stickstoff, Phosphorsäure und Kali gut ausbalanciert. Selbst wenn so der Dünger direkt an den Wurzeln ausgebracht wurde, konnte er keinen Schaden anrichten; von daher bereitete das Produkt im Einsatz keinerlei Schwierigkeiten.

Ich baute auf meinen Feldern Rettich, Möhren und Taro (Süßkartoffeln) an. Als einmal auf Grund übermäßigen Regens im Herbst die Pflanzen erkrankten, verdarben bei meinem Nachbarn alle Rettiche, auf meinen Feldern aber kein einziger, sodass ich die vollständige Ernte einfahren konnte.

Viel Regen hat vielleicht auch geholfen, aber die Erntemenge meines Taro überstieg bei weitem das, was mein Vater in vierzig Jahren Anbau einbringen konnte. Letztes Jahr pflanzte ich auch Chinakohl, dessen Preis auf Grund des Regens in schwindelerregende Höhen stieg. Ich konnte damit ein ganz passables Sümmchen einstreichen.

Für den eigenen Bedarf an Eiern halten wir uns Hühner, deren Kotgeruch durch die Verwendung von EM-Bokashi im Futter völlig verschwunden ist. In unserer Nachbarschaft wohnt ein Eier-Allergiker, der Eier gewöhnlich nicht einmal anrühren darf. Wie er aber einmal unsere Eier versuchte, zeigten sich überhaupt keine Allergie-Symptome bei ihm. Seitdem geben wir ihm immer gerne einige ab.

Bei Kunstdünger stellt der Stickstoffanteil immer ein Problem dar, weil er für den Anstieg von Krankheiten verursachenden »Schädlingen« verantwortlich ist. Mit vermindertem Düngereinsatz dank EM nimmt nun auch die Zahl dieser Übeltäter ab. Die verminderte Belastung der Umwelt und die Versorgung mit gesunden Nahrungsmitteln von uns Bauern macht verständlich, wieso von überall her Anfragen an mich zur Einführung von EM kommen.«

Herr *Orishige* ist Direktvermarkter vor Ort. Wie man hört, soll sein Gemüse, das er auf einem Hektar mit EM anbaut, immer restlos ausverkauft sein. Das war nicht immer so; vor der Einführung von EM war er öfters auf seiner Ware sitzen geblieben. Es kommt neuerdings noch etwas anderes hinzu: Einige seiner Stammkunden drängen darauf, ihm bei der Feldarbeit helfen zu dürfen. So verschaffte ihm EM positive Kontakte zu Menschen, die mit konventioneller Landwirtschaft eher nichts am Hut haben. Sie erkundigen sich nach seinen Erfahrung im Allgemeinen, aber ganz besonders interessiert sie, ob ihm die Landwirtschaft Freude bereite.

Die Kunst bäuerlichen Handelns liegt nicht im Zerstören, sondern im Bewahren der Umwelt, nur darin kann auch eine Befriedigung und Bestätigung für den Bauern liegen. Herr Orishige und seine Kollegen planen nun in Kawasaki die Errichtung eines »Zentrums für Dünger aus Biomüll«, um dort interessierten Mitbürgern ihre Erfahrungen anschaulich vorführen zu können.

Landwirtschaft ist nicht nur die Grundlage jedes einzelnen Landes, sondern auch aller Menschen der Erde
Ich bin vielleicht deswegen Agrarwissenschaftler geworden, weil mir schon von Kindesbeinen an beigebracht wurde, dass die Landwirtschaft das Fundament unseres Landes sei, und ich meinen Beitrag dazu leisten wollte. Aber sie ist es nicht nur für ein begrenztes Gebiet, sondern sie ist die Basis für die gesamte Weltbevölkerung. Lässt man im Gedanken den Blick über unseren Erdball schweifen, so wird einem bewusst, wie vielfältig und bunt gemischt die Anbaumethoden sind.

Das Spektrum des technischen Niveaus reicht von der Brandrodung bis zur Genmanipulation, bei den Erträgen von größten Überschüssen in Japan und Amerika bis hin zu Ländern mit größter Hungersnot auf Grund ungenügender Ernten. Woher kommen diese großen Unterschiede, wo wir doch alle im gleichen Zeitalter leben? Es sind die Kämpfe auf der Grundlage des Konkurrenzprinzips, die unsere Welt beherrschen. Diese Auseinandersetzungen haben religiöse, ethnische und ideologische Ausformungen, aber für wen und was dabei auch gestritten wird – es tangiert stets die Nahrungsmittelversorgung der betroffenen Bevölkerung. Wir müssen endlich diese ständigen Kämpfe und Gegensätze hinter uns lassen.

Diese Einstellung ist nicht leicht zu vermitteln, weil es sich hierbei auch um eine technische Problematik handelt. Spitzentechnologie kann nicht so einfach in ein Gebiet mit Brandrodung ohne das entsprechende Bewusstsein transferiert werden. Leider werden jedoch Pestizide, Kunstdünger, Maschinen und Einrichtungen mit großen Gewinnen in jene Länder verkauft, die damit eigentlich nichts anfangen können.

Heute ist die Technik der Genmanipulation aktuell. Die hoch industrialisierten Länder versuchen, mit dieser Technologie höchste Profite zu erzielen. Die Anwendung von Kunstdünger und Pestiziden hat sich reduziert, weil wir uns einerseits der Gefährlichkeit von Umwelthormonen und chemischen Substanzen bewusst geworden sind, aber auch wegen der erweiterten Möglichkeiten der Biotechnologie. Amerika ist entschlossen, mit Hilfe dieser Technologie die Nahrungsmittelversorgung der Welt mit zu beherrschen. In Japan ist zur Zeit die Steigerung der Selbstversorgungsrate sicherlich das große Thema. Es ist aber auch eine Tatsache, dass Japan ein Exportland für Kunstdünger und Pestizide ist. Länder mit Spitzentechnologie im Agrarbereich versuchen mit ihren Methoden Profit zu erwirtschaften. Dadurch vergrößert sich die Kluft zwischen den einzelnen Landwirtschaften immer mehr. Wie bei Darwin wird nur der Fitteste überleben. Aber gerade dadurch breitet sich eine globale Umweltverschmutzung aus, die von der Landwirtschaft ausgeht. Dies zu korrigieren ist ein äußerst komplexes Unterfangen, in dem die konventionelle Landwirtschaft der hoch entwickelten Länder keine Zukunft hat. Es wurde erkannt, dass eine auf chemischen Substanzen beruhende Methode der Landwirtschaft ein falscher Weg ist. Auch die Gentechnologie, die das ändern soll, wirft bei vielen Menschen neue Fragen auf.

Was ist zu tun? Die Antwort ist ganz einfach: konsequent EM anwenden. Wird es in der Viehwirtschaft verwendet, entfällt der Einsatz von Anti-

biotika und die Hygiene stellt kein Problem mehr dar. Gülle wird zum Aus-
gangsprodukt für ausgezeichneten biologischen Dünger.

Man muss nur zu einem System finden, das die Behandlung jeglichen
organischen Abfalls mit EM ermöglicht. Auch dem täglich anfallenden
Hausmüll sollte EM-Bokashi zugesetzt werden. Das, was nicht in der Landwirtschaft verwendbar ist, kann wie bisher als Hausmüll fortgeworfen werden. Wird es dann in Müllverbrennungsanlagen verbrannt, reduziert es die
Entstehung von Dioxin. Wenn sich die gesamte Bevölkerung kooperativ
verhält, müssen Verbrennungsanlagen wegen des Dioxinproblems nicht
teuer umgerüstet werden.

Mit der Einleitung von Haushaltsabwässern, die mit EM behandelt werden und über die Kanalisation in die Kläranlagen gelangen, wird die Menge
des Klärschlammes erheblich verringert, der Rest ist ausgezeichneter biologischer Dünger. Für die Effektiven Mikroorganismen ist der Schlamm im
wahrsten Sinne des Wortes ein gefundenes Fressen. Das Abwasser aus den
Kläranlagen erreicht die Flüsse, reinigt diese, deren Wasser erreicht das
Meer und säubert auch das, wodurch die Fischpopulationen regeneriert werden. Mit unserem Einsatz von EM im täglichen Leben können wir auf diese
Weise einen starken, positiven Einfluss auf die gesamte Umwelt ausüben.
EM wird das im Boden befindliche Dioxin und die Restbestände der Pestizide aufbrechen, andere schädliche Stoffe neutralisieren und dem Boden zu
neuem Leben verhelfen. Würde das Abwasser aller Produktionsstätten mit
EM behandelt, würden die Verschmutzungen unserer direkten Umwelt zu
einer Quelle ihrer Reinigung werden. Mit dem Eintrag von EM-X-Kera-
mikpulver in den Boden werden die günstigen magnetischen Resonanzwellen verstärkt und dadurch die meisten Krankheitserreger an ihrer Entfaltung
gehindert. Sprüht man nach der Ernte EM über die Ernterückstände und das
Wildkraut, vermehren sich die nützlichen Mikroorganismen und Insekten,
der Boden wird locker, fruchtbar, reich an Nährstoffen und kann dann ohne
Pflügen bewirtschaftet werden.

Eine Landwirtschaft, die mit EM den organischen Abfall vollständig
nützt, wirkt vielleicht im Vergleich zur modernen Landwirtschaft um ein,
zwei Generationen veraltet. Sie ist aber keineswegs antiquiert. Sie ist die
vernünftigste, da abfalllose Spitzentechnologie!

Diese positiven Eigenschaften haben für alle Landwirtschaftstypen der
Welt Gültigkeit. Der Punkt ist, dass mit dem Einbringen von EM in den
Boden nicht nur das EM selbst, sondern auch die anderen nützlichen
Mikroorganismen, die schon im Boden sind, vermehrt werden und es so

stets zur optimalen Ernte kommt. Dazu sind keine großen Maschinen nötig. Das Rezept zur Herstellung der Aktivierungsflüssigkeit von EM (EM-A) ist bereits bekannt. Also kann man es so großzügig verwenden, wie man will.

Die Kosten der konventionellen und der EM-Landwirtschaft sind bereits früher verglichen worden, mit dem Ergebnis, dass mit EM alles viel billiger ist. Damals lag der Preis von EM sogar noch bei 2000 Yen pro Liter. Heute ist mit einer solchen Ausgangsmenge in einem entsprechenden Fermenter eine Zielmenge von zwei Tonnen erreichbar. Das entspricht einer Senkung der Kosten auf etwa ein Prozent.

Eine detaillierte, vergleichende Kostenrechnung war bislang ohne Belang. Ein Beispiel aus dem Ausland: Thailand belegt, dass sich dort der Gewinn der Mehrzahl der Bauern in einem Zeitraum von fünf Jahren verfünffacht hat. Wenn sich EM weiterhin so schwindelerregend schnell verbreitet, wird die Landwirtschaft in der Tat zu einem »gefragten Gewerbe«.

Schaffung eines gesunden Kreislaufssystems, das die Erde sauber und schön macht

Mein Ideal ist der Verzicht auf Pestizide und Kunstdünger, aber leider glaubt die Mehrheit, dass zur Sicherstellung der Ernährung einer immer größer werdenden Erdbevölkerung diese Stoffe unverzichtbar sind. Solange das so bleibt, wird sich nichts an der Haltung gegenüber der Antibiotika ändern.

Die Problematik der antibiotikaresistenten Erreger reicht in Form der MRSA bis ins Krankenhauswesen hinein. Diese Erreger widerstehen selbst dem stärksten Antibiotikum. Die modernste Medizin kennt keine Methode, wie gegen diese resistenten Erreger anzukommen ist. Es klingt sehr anmaßend, der Menschheit zu verkünden, Ansteckungskrankheiten seien besiegt: Aber EM und EM-X haben begonnen, dieses fundamentale medizinische Problem zu lösen.

Solange die Landwirtschaft Pestizide und Kunstdünger verwendet, werden viele Freie Radikale freigesetzt und dadurch bislang unschädliche Insekten und Mikroorganismen gefährlich. Hierfür gibt es unzählige Beispiele. Es müssen immer größere Mengen ausgebracht werden, um einen entsprechenden Ertrag zu erzielen.

Damit werden wir in einen Teufelskreis wie bei Opiaten geraten, mit der Folge, dass die Landwirtschaft in ihrer geheiligten Rolle als Nahrungsmittelproduzent die Umwelt zerstört, die Gesundheit der Menschen ruiniert und der Bauer selbst die Folgen am eigenen Leib erfährt. Das Gegenteil zu einem solchen Teufelskreis ist ein gesunder Kreislauf der Natur. Von ersterem ist tagtäglich die Rede, letzterer hat fast einen religiösen Unterton und ist nicht so präsent. Und weil vieles in unserer Gesellschaft in einem Teufelskreis steckt, ist der gesunde Kreislauf so selten.

Der Grund liegt darin, dass Wissenschaft und Technologie letzten Endes Substanzen für den schlechten Kreislauf fördern. Auch hervorragende Systeme oder Technologien sind dem Untergang geweiht, wenn sie auch nur wenige Faktoren aus dem schlechten Kreislauf in sich tragen. Wir müssen uns daher ernsthaft für Technologien, aber auch Organisationen und Strukturen stark machen, die den positiven Kreislauf fördern. Ein gesunder Kreislauf ist Ausgangspunkt für die Wiederbelebung.

EM wird inzwischen seit zwanzig Jahren überall auf der Welt angewendet und hat bislang nur Positives bewirkt und den guten Kreislauf – fort von der Entropie, hin zur Syntropie – gefördert.

Kommt die syntropische Kraft von EM erst einmal voll zur Entfaltung, können die CO_2-Gase, die zu der globalen Erwärmung führen, eine üppige Quelle für Kohlenstoff werden. Wenn man es wachen Auges ansieht, ist das Recycling aller Elemente realisierbar. Wird EM bei jedem Reisanbau konsequent eingesetzt, ist ein Ertrag von 20 Sack Reis auf zehn Ar möglich. Bei Zuckerrohr sind es 20 bis 30 Tonnen. Nur etwa die Hälfte davon würden als Nahrungsmittel gebraucht, mit dem Rest könnten Kunststoffe und Alkohol hergestellt werden und von den Kosten her billiger als bei Verwendung von Erdöl werden.

Die derzeitigen Umweltmaßnahmen beinhalten das Behandeln von Abfällen und Schmutzquellen, EM hingegen würde einen syntropischen Kreislauf in Gang setzen und sie als Rohstoffe in einen revitalisierten Zustand bzw. in ein vielseitig einsetzbares Material verwandeln. Damit würde ein positiver Kreislauf beginnen, sich allmählich ausweiten und die Erde säubern, Nahrung in Hülle und Fülle schenken und Hungersnöte und Krankheiten bald der Vergangenheit angehören lassen. Die Menschen würden sorgenfrei und mit sich im Reinen leben können. Das ist nicht nur ein bloßer Traum, sondern absolute Zuversicht, die auf der Verbreitung von EM gegründet ist.

Die Umweltproblematik wird in Amerika zu einem Schwerpunkt

In diesem Kapitel werde ich zeigen, wie die Anwendung von EM auf der ganzen Welt zunimmt; insbesondere ab 1996 sind diese Aktivitäten nicht mehr nur auf Japan beschränkt. Ich selbst habe seither überall auf der Welt Vorträge gehalten und andere Aktivitäten entwickelt. Bislang habe ich EM in über 80 Ländern vorgestellt. Selbst wer, wie die meisten Leser, das Beispiel Nordkorea nicht aus eigener Anschauung kennt, muss zugestehen, dass die intensive Anwendung von EM fast unlösbare Probleme löst. Seit der Wirtschaftskrise von 1997 in Asien werden immer mehr Länder auf EM aufmerksam.

Auch in Amerika, dem Land mit der höchstentwickelten Landwirtschaft, gewinnt die EM-Landwirtschaft allmählich an Boden. Die Landwirtschaft dort hat außer hohen Kosten auch Umweltprobleme, die gelöst werden müssen. Sie sieht sich aber mit der bisherigen von Kunstdünger und Pestiziden abhängigen konventionellen Bewirtschaftung nicht mehr im Stande, gesunde Betriebsergebnisse zu erwirtschaften.

Die Regelungen hinsichtlich der Pestizide wurden verschärft. Die bisherige Landwirtschaft als Quelle der Verunreinigung stellt aber für die Umwelt eine große Belastung dar. Besonders nachdem der Bestseller von *Theo Colborn* »Unsere gestohlene Zukunft« (Originaltitel: Our Stolen Future: Are We Threatening Our Fertility, Intelligence, and Survival? – A Scientific Detective Story, 1997), das ganze Gefahrenpotential der Dioxine und Umwelthormone drastisch geschildert hat, wurden Maßnahmen zur Verminderung dieser Substanzen beschleunigt.

In Kalifornien beispielsweise wird ab dem Jahr 2000 die Verwendung von Desinfektionsmitteln für Böden völlig verboten sein; weiterhin wurde ein Gesetz verabschiedet, das ab 2002 die Anwendung von Pestiziden und Kunstdünger untersagt. Eine Landwirtschaft ohne diese Stoffe stellte für die Bauern das wünschenswerteste Instrument dar, auf das sie sich stützen könnten, aber noch zerbricht man sich den Kopf, wie die erklärten Ziel zu erreichen seien, ohne dass man der Landwirtschaft ganz den Garaus macht.

Eines war aber klar geworden, nämlich dass das bisher übliche Ausbringen von Pestiziden, Kunstdünger und »Unkrautvernichtungsmitteln« auf landwirtschaftlichen Flächen immense Auswirkungen auf die menschliche Gesundheit verursacht hat. Wie es heißt, machen sich Amerikas Viehzüchter intensiv Gedanken darüber, wie sie ihren Anteil an der Umweltverschmutzung reduzieren könnten. Verglichen mit Japan ist der Betriebsumfang in Amerika ungleich größer. Daher hat auch die EPA (amerikanische Umweltschutzbehörde) wegen der riesigen Mengen von landwirtschaftlichem Abfall äußerst drastische Bestimmungen für die Milchwirtschaft, Schweine- und Geflügelhaltung erlassen. In letzter Zeit fühlten sich immer mehr Viehzüchter gezwungen, auf Grund der neuen Grenzwerte ihren Beruf an den Nagel zu hängen.

Unter anderem waren auch die zunehmenden Klagen von Anwohnern über unerträglichen Gestank der Gülle ausschlaggebend. Hier und dort war die Situation bereits soweit eskaliert, dass es zu Gerichtsverhandlungen mit entsprechenden Urteilen geführt hat. In Amerika gelten Viehbestände von 1000 bis 2000 Tieren als mittlere Bestückung, die unter konventionellen Methoden gehalten wurden und in der Nähe von Ansiedlungen zwangsläufig zu Klagen der Anwohner führen müssen.

Auf Grund entsprechender Urteile können künftig die Abfälle nur noch geruchfrei entsorgt werden. Die meisten der betroffenen Viehzüchter hatten ja nicht erst gerade gestern ihren Beruf aufgenommen, es handelt sich vielmehr um Betriebe, die über Generationen hinweg weitervererbt worden waren, während die Beschwerde führenden Anwohner zumeist erst kürzlich zugezogen waren. Aber in Amerika zählt so etwas nicht.

In einer schnell expandierenden Verstädterung mit entsprechendem Landfraß zählt der Wille dieser Anwohner mehr als das Wohl und Wehe der angestammten Viehzüchter. Natürlich fragen diese Farmer bei der EPA nach, was sie tun könnten. Doch die sagt: »Das interessiert uns nicht. Unser Ziel ist der Umweltschutz. Überlegt euch das gefälligst selber.« Mit einer solch lapidaren Antwort lässt man natürlich die armen Bauern im Regen stehen.

Wenn man es nun in Kalifornien mit dem Einsatz von EM versuchen würde, könnte der Gestank aus den Rückständen der Viehwirtschaft drastisch verringert werden. Zum Glück gibt es Beispiele, wo dies auch erfolgreich versucht wurde, ohne dass man durch etwaige Urteile daran gehindert wurde. In Nordkalifornien ist bereits auf einigen Farmen ein kontinuierlich eingesetztes Kultivierungssystem von EM in Anwendung, dessen tägliche Produktionsmenge in einem Bereich von 30 Tonnen liegt, die mit Tankwagen in die jeweiligen Lagertanks geliefert werden. Mit dem Einsatz von EM wird nicht nur der Gestank unterbunden, sondern auch die Gesundheit der Tiere geschützt. Der Wirkungsgrad des Futters steigt um zehn Prozent; Antibiotika werden überflüssig, und die Abfälle werden in wertvollen organischen Dünger verwandelt. EM gewährleistet damit den Viehzüchtern und ihren Familien auch zukünftig eine sorgenfreie Existenz.

Die amerikanische Abfallbeseitigungsmethode

In der Tat hat die Wirkung von EM bei amerikanischen Viehzüchtern Überraschung ausgelöst. Binnen kürzester Zeit nahm der Gestank soweit ab, dass er bei den Anwohnern kein böses Blut mehr schuf, zudem sank die Mortalität bei Haustieren, Rindern, Schweinen und Geflügel drastisch. Es ist nun einmal das Kennzeichen von EM, Gutes zu bewirken.

Das gilt nicht nur für Gülle. Diejenigen, die sich geschäftsmäßig um die Abfuhr des Klärschlamms aus privaten Mehrkammergruben kümmern, verwenden EM zur Beseitigung des Gestanks und zum Abbau des Schlamms, wodurch ein bisher noch nicht erreichter Grad des Recyclings möglich wurde.

In Kalifornien sind einige durch Schlamm und Abwasser verunreinigte große Teiche mit EM behandelt worden. Die Qualität des Wassers ist soweit gestiegen, dass es wieder auf die Felder ausgebracht werden konnte. Was einmal die hohe Hürde kalifornischer Vorschriften überwunden hat, dem ist die Genehmigung des gesamten Landes sicher. Dadurch ist die Verbreitung von EM für die Behandlung von Umweltproblemen im ganzen Land sprunghaft angestiegen.

In diesem Zusammenhang sollte das »EM-Bokashi-Network« erwähnt werden. Es wurde 1996 von der Firma EM Technology ins Leben gerufen und bemüht sich unter dem Motto »Umwandlung der Abfälle in kostbares Gut«, die Idee des Abfallrecycling zu verbreiten.

Ich möchte an dieser Stelle kurz auf die Müllsituation in Amerika zu sprechen kommen. Ein Amerikaner produziert täglich im Durchschnitt etwa zwei Kilogramm Abfall, was für alle Amerikaner zusammengenommen eine jährliche Menge von 200 Millionen Tonnen Müll bedeutet. Die zentrale Frage hierbei lautet, wie die Müllbeseitigung im Einklang mit der Umwelt zu bewerkstelligen sei.

Bislang werden etwa 30 Prozent davon recycelt; die restlichen 70 Prozent werden abgelagert oder verbrannt. Zur Zeit gibt es insgesamt etwa 600 Müllplätze, von denen über die Hälfte randvoll sind. Die Ausweisung neuer Lagerstätten wirft zunehmend neue Probleme auf; allgemein befürchtet man, dass die Umgebung der Plätze verseucht werden könnte. Dort wo an vorhandenen Plätzen noch zusätzliche Kapazitäten ausgewiesen werden sollen, bildet sich massiver Widerstand der Anwohner. Niemand haftet in ihren Augen für die Sicherheit der neuen, auszuweisenden Lokalitäten. Auch in ihrer Furcht vor den Dioxinen aus den Müllverbrennungsanlagen unterscheiden sich die Amerikaner nicht von den Japanern. Obwohl die USA von der Fläche her ungleich größer sind als Japan, spürt man auch hier die Belastungen durch das Müllproblem deutlich. Daher hat die Administration in Washington gemeinsam mit den Regierungen der Bundesstaaten beschlossen, dass ein Viertel des Hausmülls in Kompost umzuwandeln ist.

Wenn solcher Kompost in großen Mengen hergestellt wird, könnte zwar biologischer Anbau ohne chemische Dünger und Pestizide gefördert werden, aber die volle Umsetzung dieses Beschlusses braucht seine Zeit, eben darin liegt der Engpass. Deshalb haben wir, um zu zeigen, dass Kompost mit EM in sehr kurzer Zeit hergestellt werden kann, das EM-Bokashi-Network gegründet. Zur Zeit erhält es von der Umweltschutzbehörde des Staates Arizona Unterstützung für das Programm »Förderung zur Erziehung zu weniger Müll«. Es entwickelt lebhafte Aktivitäten, bestreitet Workshops und stellt in Schulen und auf Farmen die entsprechenden Denkmodelle vor. Diesem EM-Netzwerk ist es gelungen, in speziellen Betreuungsheimen Arizonas auch Körperbehinderte in ihr Programm einzubeziehen, denen es somit ermöglicht wird, ein Gefühl für die zukünftige Technik zu entwickeln. In der Stadt Redding war der Gestank zu einem Problem ersten Ranges geworden; binnen eines halben Jahres war dieser soweit reduziert, dass die Klagen darüber fast völlig ausblieben – ein sehr erfreuliches Ergebnis. Neugierig geworden über Berichte, nach denen Taubenzüchter ihren Lieblingen EM ins Fressen geben, hat die Universität von Kalifornien angefangen, dieses Phänomen wissenschaftlich zu untersuchen.

EM-Bokashi-Network erhält zur Zeit aus verschiedenen amerikanischen Bundesstaaten Einladungen, was den Grad der erlangten Anerkennung zeigt und zur Verbreitung von EM im ganzen Land beitragen wird.

Bislang haben sich etwa 300 Universitäten und andere Bildungseinrichtungen dem Netzwerk-Programm angeschlossen. Selbst die mexikanische Bevölkerungsgruppe hat sich mit einer »Native American-Mexican disposal unit« an uns gewandt. Diese Gruppierung leistet mit-EM Bokashi viel Nützliches in der Abfallverbesserung und Kompostierung und hat nach einer Reihe von schlechten Jahren nun eine Art Wiederbelebung erfahren.

Mit dem EM-Bokashi-Network ist die Schnellkompostierung von organischem Müll richtig in Gang gekommen, was den Bekanntheitsgrad, Verkauf und Einsatz von EM 1 gesteigert hat. 22 Prozent des Umsatzes von EM-Technology wird mit dem EM-Bokashi-Network getätigt.

Verschiedene Anwendungsgebiete: z.B. Weinanbau von Regisseur George Lucas

Neben der Behandlung der als Abfallprodukte bezeichneten Gülle und Biomüll hat sich EM ein ganzes Spektrum von Anwendungsbereichen erobert. Ein bekannter ganzheitlich arbeitender Arzt setzte EM-X bei seinen Behandlungen ein, gleichzeitig verwendete er mit EM gezogenes Gemüse in seinen Diätplänen.

Diesen Arzt beschlich stets ein Gefühl der Hilflosigkeit, denn selbst wenn unter Anwendung modernster medizinischer Methoden eine Krankheit als geheilt galt, kam es häufig wieder zu Rückfällen. Dieser Arzt stellt die Behandlung von Wohlstands-Krankheiten ins Zentrum seiner medizinischen Praxis. Wie sehr er sich auch abmühte, er schien zu keiner grundsätzlichen Lösung des Problems zu kommen.

Was könnte man tun? Wenn man wirklich will, dass der Patient geheilt wird, müssen die Lebens- und Essgewohnheiten des Kranken korrigiert werden. Deshalb richtete dieser Arzt eine Farm ein, ließ seine Patienten dort arbeiten und gab ihnen die dort organisch angebauten Lebensmittel zu essen. So stellte er ein umfassendes Behandlungsprogramm zusammen. Bei den üblichen ökologischen Anbaumethoden wächst Gemüse aber nicht immer gut. Die Gerichte aus solchen Erzeugnissen sind sicher besser als andere, schmecken aber oft nicht. Außerdem mögen Kranke oftmals mühselige Arbeiten wie das Unkrautjäten nicht verrichten.

Die Absicht des Arztes war löblich, die Kritik der Kranken jedoch harsch, im Reich der harten Tatsachen erweisen sich solche Heilungsprozeduren als unwirksam. Aber mit der Einführung von EM vor drei Jahren hat sich alles geändert. Wie zuvor erwähnt, erleichtert EM die Tätigkeit eines Bauern (oder Gärtners) soweit, dass ihm die Arbeit wieder Spaß macht. Auch die Produkte gewinnen an Geschmack. Die Urteile der Kranken fallen nun gut aus, wodurch die Heilerfolge erheblich gestiegen sind.

Weitere Fälle von erfolgreicher Einführung von EM in die Landwirtschaft findet man im Baumwoll- und Weizenanbau in Arizona. Dort arbeiteten die Farmer vorher völlig konventionell und hatten ganz auf den Einsatz von Kunstdünger und Pestiziden gesetzt, bis sich dann auch bei ihnen Zweifel einschlichen und sie vor einigen Jahren begannen, eine nachhaltige Landwirtschaft zu verfolgen und »Unkrautvernichtungs«- und »Schädlingsbekämpfungsmittel« sowie Kunstdünger außen vor zu lassen. Konkret bedeutete es in diesem Fall, an Stelle von Pestiziden den Einsatz von Knoblauchöl als Insektenfänger und Fischmehl als Kunstdüngerersatz einzusetzen. Die erhofften Erträge wurden hierbei jedoch nicht erzielt. Erst als sie die EM-Technologie auf breiter Front eingesetzten, konnten sie Produkte in einer Qualität einfahren, an die sie zuvor nicht einmal im Traum gedacht hatten.

»Mit EM bin ich in der Lage, auf Kunstdünger und ›Schädlingsbekämpfungsmittel‹ zu verzichten. Selbst ohne einmal tief pflügen zu müssen, steigen meine Erträge. Zum ersten Male habe ich das gute Gefühl, Landwirtschaft ganz nach meinen eigenen Wünschen betreiben zu können.«

Mit EM kann die Anpflanzzeit der amerikanischen Baumwolle um 30 bis 40 Tage nach hinten verschoben werden. Trotzdem kann noch zeitgleich mit den herkömmlich kultivierten Pflanzen abgeerntet werden. Mit dieser Variante bietet sich nun eine Möglichkeit, an die man zuvor noch nicht gedacht hatte: Im Sommer Baumwolle, im Winter Weizen, also zwei Ernten pro Jahr!

Kurz möchte ich noch über die Firma »EM-Technology« in Amerika sprechen. Sie ist eine NPO, die sich zum Ziel gesetzt hat, die amerikanische Landwirtschaft mit Hilfe von EM wiederzubeleben und eine gesunde, sichere und ökonomische Landwirtschaft zu entwickeln.

»EM-Technology« betreibt zur Zeit bereits eine Reihe von Demonstrationsprojekten in den USA, eins davon ist das oben dargestellte EM-Bokashi-Network. Sein Tätigkeitsfeld erstreckt sich bis nach Kanada und Mexiko sowie in die Karibik. Der Bundesstaat Hawaii hat eine eigene EM-Produktion. Für die anderen 49 Bundesstaaten ist EM-Technology zuständig, und tatsächlich gehen zur Zeit Lieferungen in 38 Bundesstaaten. Dies alles nur zur Information, damit man weiß, wie gut EM in den USA verbreitet ist.

Etwas Außergewöhnliches ist über einen großen Hersteller von Tierfutter zu berichten. Dieser stellt Hundefutter mit EM-Bokashi her. EM in Hundefutter tut einerseits der Gesundheit der Vierbeiner gut, andererseits wirkt es der Belästigung durch stinkenden Hundekot entgegen. Sind das nicht alles Erfolge, die über das Erhoffte hinaus gehen?

In Kalifornien leistet sich der durch den Film »Star Wars« weltberühmt gewordene Regisseur *George Lucas* den Betrieb einer riesigen Farm. Er ist ein großer Fan von EM und verwendet es nicht nur auf der Farm, sondern auch in den Studios. Anlässlich meines Besuches schenkte er mir eine Flasche seines mit Hilfe von EM erzeugten vorzüglichen Rotweins.

Amerika ist im Guten wie im Schlechten ein unter härtesten Wettbewerbsbedingungen arbeitendes Land. Es ist das reichste Land mit der fortschrittlichsten Technologie. Für alles und jedes kann man unter einer Anzahl Möglichkeiten auswählen. Obwohl EM allgemein als eine »gute Sache« anerkannt ist, kann es nur schwer unter diesen Wettbewerbsbedingungen bestehen, was die nur zögerliche Ausbreitung von EM seit seiner Einführung vor einigen Jahren erklärt. Aber in Amerika ändert sich auch vieles rasend schnell. Einst als völlig besiegt geltende Krankheitserreger haben eine Antibiotikaresistenz entwickelt; die Entlarvung einer auf Pestiziden und Kunstdünger basierenden Landwirtschaft als Fehlgriff ist im Gange. Wie in so vielem, ist auch hier Amerika uns Japanern einen Schritt voraus: Hier sind bereits einige große Schritte in eine Welt ohne Kunstdünger getan worden.

Insbesondere im Bundesstaat Kalifornien sollten bald nützliche Mikroorganismen wie EM immer stärker Verwendung finden. Das Wissen um das Spezialprodukt EM ist sogar bis in die Köpfe örtlicher Politiker vorgedrungen, aber noch können sie sich nicht zu einer Empfehlung durchringen, letztendlich müssen dann verschärfte Vorschriften den Weg für EM ebnen. Wie erwartet haben wir bereits erfolgreiche Beispiele für EM in der Viehzucht und im Ackerbau aufzuweisen, und wer weiß, vielleicht werden sie sich in einigen Jahren als Signalfeuer einer neuen Zeit übers Land verbreiten.

Hawaii strebt danach, ohne Pestizide zu genesen
Im folgenden Abschnitt möchte ich über die Verbreitungssituation von EM auf Hawaii berichten. Ich hatte Hawaii bereits öfters besucht, als im November 1999 die Radiostation »K-Japan« mehrmals über EM berichtete. Kurz darauf nahmen an einem Seminar, das für etwa 50 Personen gedacht war, über 150 Personen zu einem Eintrittspreis von 50 Dollar inklusive Mittagessen teil. Die Liaison zwischen Okinawa und Hawaii ist insofern recht stark, als etwa die Hälfte der aus Japan stammenden Einwohner Hawaiis ihre Vorfahren auf Okinawa haben. Diese waren vor dem letzten Krieg zur Arbeit auf den Zuckerrohrplantagen herüber gekommen. Auch mein Großvater schuftete dort anfänglich als billige Arbeitskraft, bis es ihm gelang, als reicher Mann nach Okinawa zurückzukehren.

Die Orchideenzucht auf Okinawa genießt heute weltweit ausgezeichnete Wertschätzung. Die Züchter der ersten Generation waren zumeist Hawaiianer; noch heute kommen viele Touristen aus Hawaii und kaufen neben EM in großen Mengen diese wunderbaren Blumen, sie wundern und freuen sich über den guten Gesundheitszustand der Angestellten dieses Geschäftszweigs.

Vor drei Jahren haben wir auf Hawaii eine EM-Produktionsstätte eröffnet. Hawaiireisenden ist die Spezialität »Makadam-Nüsse« bekannt. Durch die Verwendung von EM konnte die Ernte dieser Nüsse um das Fünf- bis Zehnfache gesteigert werden. Auch wurde dem unerklärlichen Verdorren von Bäumen mit Hilfe von EM wirkungsvoll Einhalt geboten, was den betroffenen Regionen außerordentlich geholfen hat.

EM wird bei einer weiteren Spezialität Hawaiis, der großblättrigen Taro-Frucht, angewendet, und zwar auf Nassfeldern auf der Insel Kauai. Seitdem die Viehzüchter dazu übergegangen sind, ihre Schweine mit EM abzuduschen, stinkt dort nichts mehr. In den Mülldeponien verkürzt sich die Reifezeit des Komposts zur großen Freude der Betreiber.

Selbst bei der vom Hilton Hotel in einer Meeresbucht veranstalteten Pinguinshow wird EM verwendet und auch hier bleiben die sonst üblichen üblen Gerüche aus. Der Zoo von Honolulu erfuhr eine gründliche EM-Behandlung; Kot, Laub und der Grasschnitt werden seitdem unter Verwendung von EM als »Biodünger aus dem Zoo« verkauft.

Auf ganz Hawaii, aber insbesondere auf Kauai, strebt man eine Landwirtschaft ohne Pestizide an. EM ist hier die Trumpfkarte wirtschaftlicher Prosperität bei Umweltproblemen. Die Meere und Strände der Inseln werden zunehmend sauberer, sodass Hawaii sich nun zu Recht mit dem Namen »healing islands« (»heilende Inseln«) schmücken kann. Für EM hat es sich zum Vorzeigeobjekt erster Güte entwickelt. Am Ende des Seminars sendete »Radio K-Japan« ein weiteres, dreißigminütiges Interview, dessen überwältigende Resonanz wirklich eindrucksvoll war.

Koexistenz und gemeinsamer Wohlstand für die Länder Europas

In jüngster Zeit haben sich in Europa bemerkenswerte Entwicklungen ergeben, denn mit der Formierung der EU tritt Europa in ein neues Zeitalter ein. EM wurde forciert von den Niederlanden und Dänemark verbreitet. Auch die Schweiz, Österreich und Deutschland folgten. Die genannten Länder zusammen mit England, Frankreich und Spanien bilden eine »europäische EM-Kommission«, deren wichtigste Mitglieder aus den Niederlanden, Österreich, Schweiz, Dänemark und Frankreich kamen und seit der EM-Konferenz von 1995 in Paris für EM tätig sind. Die Situation der Aktivisten in den verschiedenen Ländern unterscheiden sich im einzelnen, aber in einem Punkt sind sie sich alle einig: in dem tiefen Verständnis für EM.

Die Erträge der EM-Bewegung in Westeuropa haben ein Niveau erreicht, dass sie sich nun in der Lage sieht, die osteuropäischen Länder Polen, Tschechien, Ungarn und die Ukraine hilfreich zu unterstützen, damit es auch dort zu kraftvollen EM-Bewegungen kommen kann.

Zu Mitgliedern der Kommission können nur diejenigen gewählt werden, die einerseits EM und die EM-Philosophie tief verstehen, und andererseits Vertrauen im sozialen Leben genießen. Diese Auswahl ist wichtig, weil es viele Menschen gibt, die EM nur als Mittel zum Geschäftemachen missbrauchen.

Interessant ist, auf welche Weise EM in Westeuropa eingeführt wurde. Vor drei bis vier Jahren wurde EM bei der Reinigung eines Teiches im Tivoli-Park in Kopenhagen angewandt. Dieser Teich war so verschmutzt, dass er gegen Ende des Sommers regelmäßig ziemlich stank und so für dauernde Missstimmung sorgte. Neben einer Unterwasserpumpe, die im Wasser Wellen erzeugt, wurde EM eingesetzt. Das Resultat war ein völlig klares Gewässer mit einem reichen Fischbestand, wohin die Vögel scharenweise zurückkehrten. Das hat das Gesicht des ganzen Parks verändert. Nach diesem Erfolg wurde EM auch in dem großen Reservoirbecken verwendet, das bis dahin auf Grund der Blasenbildung und des üblen Geruchs gemieden wurde. Auch dort sollten sich bald Fische tummeln und Anglern ermöglichen, ihrem Hobby nachzugehen.

Viehweiden, die durch den ausgebrachten Mist so stark geschädigt waren, dass fast kein Graswuchs mehr möglich war, werden mit EM wieder zu einer grünen Grasressource. Rapsbauern berichteten uns, dass sie noch nie so viel Samen in einem Ansatz hatten. Schweinebauern, die ihre Tiere frei laufen lassen, verwenden ebenfalls EM. Die Schweine, die mit EM behandeltes Gras fressen, haben keinen Stress, wodurch das Fleisch an Qualität gewinnt und höchste Wertschätzung genießt.

In Dänemark tritt ab 2001 ein völliges Verbot von Antibiotika in der Landwirtschaft in Kraft; nicht nur, weil resistente Stämme neue Krankheitsprobleme aufwerfen, sondern auch auf Grund der Gefährdung durch Umwelthormone. Daher hatte der Verband der Viehzüchter Dänemarks einen Modellversuch mit EM beschlossen, der äußerst interessante Ergebnisse erbrachte.

In den Niederlanden wird Rindergülle mit EM behandelt, um dem Gestank Herr zu werden. Diese Gülle wird direkt in den Boden injiziert.

Bisher stank es eine Woche lang nach einmaligem Ausbringen der Gülle, deshalb war die Injizierung von Gülle nur beschränkt erlaubt. Mit EM konnte die Geruchsemission stark reduziert werden. Alle Beteiligten sind begeistert davon, dass das bisherige Gülleproblem nun als Rückgabe auf die Felder ideal gelöst wird.

Die alle zwei Jahre stattfindende internationale Konferenz für Landwirtschaft gab EM Aufwind für die internationale Verbreitung. Wir stellen nun Überlegungen an, wie diese Konferenz in ein Forum verwandelt werden kann, in dem die ganze Bandbreite der Anwendung der EM-Technologie erörtert werden kann.

Ich möchte, dass eine solche modifizierte Konferenz ihren Ausgangspunkt in Europa nimmt. Sie könnte im Sommer oder Herbst 2001 stattfinden und als Startschuss für das 21. Jahrhundert dienen. Ein guter Ort hierfür wäre das Internationale Kongresszentrum in Amsterdam. Dort sollten die Themen Umwelt, Produktion, Energie und Medizin auf der Tagesordnung stehen. Von einer solchen Konferenz erwarte ich mir eine überwältigende Wirkung auf die Öffentlichkeit. (Zu einer solchen Konferenz ist es bislang allerdings noch nicht gekommen. *Der Hrsg.*)

Koexistenz und Koprosperität durch EM statt Konkurrenz
Die europäische EM-Kommission wird ihre Arbeit über-politisch, -ökonomisch, -staatlich, -konfessionell und -ideologisch fortsetzen im Einklang mit dem EM-Grundsatz: ein hoffnungsvolles, zukunftsfähiges Sozialsystem zu verwirklichen. Allerdings waren viele Hürden zu überwinden. Bei der Markteinführung in bestimmten Ländern, insbesondere aber in der EU, wird EM in harte Konkurrenzkämpfe verwickelt. Ich möchte dies am folgenden Beispiel erläutern.

Unsere niederländischen Partner, die hervorragendes EM produzieren, wollten dies nun nach Deutschland exportieren, trafen aber hier mit einem aus Dänemark importierten, ähnlich entwickelten Präparat auf härteste Konkurrenz. Bei gewöhnlichen Handelsprodukten muss nun eine Lösung der Gebietsabgrenzung gefunden werden. In den folgenden Gesprächen bat ich die Kontrahenten, sich zu einigen. »Verfahrt nach der EM-Philosophie der Koexistenz und Koprosperität, sprecht miteinander und entscheidet dann.« Gerade wenn das Konkurrenzprinzip im Spiel ist, kann die EM-Lösungsmethode helfen. Dies darf aber nicht meine Aufgabe sein.

Wie kann man unter dem Aspekt der Koexistenz und Koprosperität Verantwortung für die Zukunft tragen? Das bedeutet Nachgeben und

Aufgabenteilen. Wenn dies aber nicht möglich ist und der Konkurrenz-kampf weiter herrscht, sage ich:»Dann hört bitte auf, Euch mit EM zu beschäftigen.«

Das Ergebnis war, dass sich die niederländischen, dänischen und deutschen Beteiligten nach zwei Tagen langer Diskussionen gegenseitig größeres Verständnis entgegenbrachten und neue, freundschaftliche Beziehungen in Aussicht stellten. So konnte das Problem, ohne eigenes Ego und ideologische Positionen zu behaupten, unter dem Aspekt der Koexistenz und Koprosperität gelöst werden.

Nachdem die Probleme dieser drei Länder gelöst waren, wurden alle ähnlichen Probleme in der Schweiz und Österreich beseitigt. Seitdem treffen sich die EM-Vertreter dieser Länder mehrmals im Jahr und bereden die angefallenen Probleme.

Alle Mitglieder der EM-Sektion Europa* sind sich in der EM-Philosophie einig, ihre Aktivitäten sind jedoch äußerst vielfältig. Der Däne *Eric Nielsen* ist Mitglied der Sonderkommission für Umweltfragen der dänischen Regierung und hat über viele Jahre die Bewegung für ökologischen Landbau gefördert. Er hat mit großem Erfolg an sozialen Projekten mitgearbeitet. Nachdem er EM kennengelernt hatte, hat er auf eigene Kosten als Stützpunkt ein EM-Trainingszentrum aufgebaut, in das jährlich etwa 800 Personen kommen. Dieses Zentrum ist besonders um die Verbreitung von EM in Nord- und Osteuropa bemüht.

Das erste schweizerische Mitglied war Frau *Olivia Weber;* sie war ursprünglich im Vertrieb von gesunder Ernährung tätig und veranstaltete Schulungskurse zu Fragen des körperlichen Wohlergehens. Seitdem sie EM kennengelernt hat, ist sie voll und ganz davon überzeugt, dass EM unerlässlich für die Verbesserung der Lage auf unserem Erdball ist und von daher bemüht, EM die nötige Anerkennung in jedem Bereich des gesellschaftlichen Lebens zukommen zu lassen.*

Frau *Ulrike Hader,* die österreichische Vertreterin, ist selbst Unternehmerin in der Futtermittelbranche.* Durch ihre langjährigen, unermüdlichen Bemühungen um EM gibt es eine große Anzahl von landwirtschaftlichen Betrieben, die durch den Einsatz von EM eine exzellente Qualität ihrer Milchprodukte auf den Markt bringen. Sie hat außerdem erfolgreiche

---

* Inzwischen wird der Vertrieb von EM 1 und den Produkten der EM-Technologie in der Schweiz von der Firma Bionova betrieben, in Österreich von Multikraft Ges. m.b.H. und in Deutschland von EMIKO GmbH. Die entsprechenden Adressen finden Sie im Anhang.

Projekte in vielen anderen Bereichen wie Wasserreinigung, Tierzucht, Kompostierung usw. initiiert.

Agriton ist das niederländische Mitglied der EM-Familie. *Fritz van den Ham* vertreibt landwirtschaftliche Grundstoffe und führt gemeinsam mit der landwirtschaftlichen Universität Wageningen Projekte zur verbreiterten Anwendung von EM durch.

Die in einem kleinen Pariser Vorort als zweite Bürgermeisterin amtierende Madame *Agnes Champault* hat die französische EM-Bewegung mit einem EM-Musterbetrieb für die internationale Konferenz in Paris 1995 gestartet. Damals gab es Fürsprecher wie Gegner von EM. Trotz großer Anfeindungen ihrer Gegner ist es Madame Champault gelungen, ein 60 Hektar großes Stück Land erfolgreich in ein Vorzeigeobjekt für unsere Landwirtschaft zu verwandeln.

Es könnte der Eindruck erweckt werden, dass die europäische EM-Bewegung problemlos verlaufen wäre. Dem war aber nicht so. Es gibt überall auf der Welt starke Gegenstimmen. Die übliche Methode dieser Leute ist es, eindeutige, gelungene Beispiele, die sie mit eigenen Augen gesehen haben, nicht anzuerkennen mit der Phrase »EM wurde von der Akademie für Düngemittel in Japan nicht akzeptiert.«

Auch an der Fakultät in Wageningen hatte sich ein Streit zwischen Befürwortern und Gegnern abgespielt, wobei letztere das altbekannte Argument der Nichtanerkennung durch die wissenschaftlichen Kreise in Japan ins Feld führten und behaupteten, dass, wenn man etwa so starke Mikroorganismen wie EM in den Boden gibt, »dort alle organischen Stoffe wie von einem Feuer zerstört werden«. Aber nach drei Jahren öffentlich zugänglicher Versuche unter Verwendung von EM zeigte sich das Recycling von organischen Stoffen deutlich verbessert und der Humusanteil signifikant erhöht – ein Ergebnis, das ich stets postuliert habe. Diese Resultate brachten auch die Gegner zum Schweigen, und sie mussten klein beigeben.

Vor kurzem ist das erste »EM-World-Journal« erschienen. Daneben haben wir 1999 vom französischen Kultusministerium die Erlaubnis zur Herausgabe einer internationalen Internet-Zeitschrift erhalten. In Kürze werden über eine Internet-Adresse Forschungsergebnisse aus wissenschaftlichen Abhandlungen über EM abrufbar sein. Wir nehmen Manuskripte an, die, wie bei wissenschaftlichen Zeitschriften üblich, geprüft, ausgewählt und dann publiziert werden. Bislang war es so, dass auf Grund redaktioneller Schwierigkeiten zwei lange Jahre vergingen, bis Beiträge von den

Internationalen EM-Konferenzen publiziert und dann von vielen Menschen gelesen werden konnten. Das sollte nun anders werden.

Die freiwilligen Aktivitäten der Japaner sind auch ein Modell für Afrika
Auch in Afrika sind interessante Modelle mit EM entstanden. Das ökonomische Zentrum und die größte Stadt der Republik Südafrika ist Johannesburg; Pretoria ist Regierungssitz. Eine halbe Autostunde vom Zentrum entfernt befindet sich das »Ubunto-Centre«, wo unter Fortführung der Ideen Rudolf Steiners Landwirtschaft betrieben und dabei auch erzieherische Arbeit durchgeführt wird. Neben einem Hospiz wird dort unter einem Dach der gesamte Lehrplan von der Grundschule bis zum Gymnasium unterrichtet. Auf etwa 320 Hektar landwirtschaftlicher Fläche findet dort EM bei der Viehzucht, im Ackerbau und bei der Wasserrückgewinnung Verwendung und ist somit Teil der schulischen Erziehung. Anlässlich meines Besuches vor drei Jahren wurde mir beim Empfang durch Herrn *Yoshida Juno,* dem Leiter von EMRO Südafrika, ein ganz begeisterter Deutscher vorgestellt, mit dem sich ein leidenschaftliches Gespräch über EM entwickelte. »Wir kämpfen darum, mit den Gedanken Rudolf Steiners die Erziehung der Afrikaner und die Landwirtschaft zu fördern.«

Ich sagte, dass Rudolf Steiners Ideen mit EM zu hundert Prozent realisierbar geworden seien. Im Gespräch mit Herrn Yoshida offenbarte sich dessen starkes Interesse an EM und sein Plan, dort alles – von der Wirksamkeit von EM bis hin zur Methode der Vermehrung von EM – lehren zu lassen. Hier werden beträchtliche Mengen EM kostenlos an Kooperativen und Modellfarmen geliefert. Dank Herrn Yoshidas enthusiastischer Leitung ist seit zwei Jahren ein biodynamischer Bauernhof im Sinne der von Rudolf Steiner erhofften Form im Entstehen.

Heute herrscht dort Selbstversorgung mit Rindern, Bergschafen, Schweinen, Hausschafen und Geflügel. Mit der Einführung von EM ist der Parasitenbefall der Haustiere dramatisch zurückgegangen, auch andere Krankheiten sind soweit reduziert worden, dass sich ein Einsatz von Antibiotika erübrigt. Auch die üblen Gerüche verschwanden, die Futterversorgungsrate zeigte sich verbessert, zudem werden nun viel mehr Jungtiere geboren. Durch den Einsatz von Gülle, die mit EM fermentiert wurde, gedeihen Kartoffeln, Mais und Weizen immer prächtiger, was der Gesundheit der in der Schule verpflegten Kinder zu Gute kommt.

EM wird daneben beim Trinkwasser, Duschen, Hausputz und vielen weiteren Einsatzbereichen verwendet. Zukünftig werden diese Schüler auf

Grund ihrer Erfahrung einen großen Beitrag zur Verbreitung von EM leisten können.

Die EM-Bewegung in Südafrika leistet nicht nur in der Landwirtschaft ihren Beitrag zur Säuberung der Umwelt, sondern kommt wie im »Ubunto Centre« in Sterbehospizen zum Einsatz. EM und EM-X haben ihre Wirksamkeit bei der Verhinderung von Infektionskrankheiten im Krankenhausbereich unter Beweis gestellt, auch können wir spektakuläre Erfolge bei Aidskranken beobachten. Das sind alles ganz erstaunliche Vorgänge, kein Wunder also, dass diesem »Terminal Care Centre« viele voll Hoffnung zuströmen.

Ubunto war der zweite Tagungsort der im Jahr 1999 von der Universität Pretoria abgehaltenen Konferenz über Biologischen Landbau in Zusammenhang mit EM. Das Centre wurde als Modell für einen integrierten Landbau schlechthin präsentiert. Die meisten Teilnehmer dieser Konferenz stammten aus den Nachbarstaaten, sie zeigten sich von dem Gesehenen so beeindruckt, dass von ihnen viele Anfragen hinsichtlich der Einführung von EM kamen. In Kenia und Botswana hat man bereits mit EM angefangen, in den übrigen Ländern laufen noch die Vorbereitungen. Ubunto wird mit großzügiger Unterstützung aus Deutschland und vielen anderen Ländern betrieben. Als einmal die finanziellen Verhältnisse der Küche angespannt waren und trotz vieler Spenden alles recht mühsam lief, kam der Einsatz von EM gerade recht. Die sichtbaren Erfolge bei Ackerbau, Viehzucht, im Hospiz und bei der Erziehung veranlassten Gönner, weiteres Geld locker zu machen, wodurch die Anerkennung als Modellbetrieb möglich wurde. Das stellte sich als äußerst günstige Wendung des Schicksals heraus, wie mir versichert wurde.

In Südafrika gibt es neben der erwähnten Müllrecyclingsanlage der Northern University noch weitere Einrichtungen für EM. Da die Republik Südafrika ein mächtiges Land mit viel Einfluss auf die Nachbarstaaten ist, erscheint es für EM besonders wichtig, gerade hier Fuß zu fassen.

Viele afrikanische Staaten treten für den Sozialismus ein und beschränken kapitalistische Ansätze weitestgehend. Auch das Südafrika nach Mandela versteht sich als sozialistisch, aber im Vergleich mit dem bereits geschilderten Nordkorea und dem noch zur Sprache kommenden Pakistan, wird die erfolgreiche Suche nach einem afrikanischen Typ des Sozialismus keine Schwierigkeiten bereiten.

Sollte sich Südafrika als führendes Land positiv entwickeln, wird dies der Entwicklung von EM neuen Schwung verleihen. Dabei kann sich Südafrika nicht nur auf die Ideen eines Rudolf Steiner, sondern auch auf den unermüdlichen Einsatz eines Japaners stützen. Er war Verkaufsleiter einer Vertriebsgesellschaft für japanische Autos und war stets der Meinung, dass das Land nie ein gutes Land werden kann, ohne dass der schwarzen Bevölkerung eine ordentliche Ausbildung ermöglicht wird. Dieser Mann hatte sich mit einer hohen Abfindung früh pensionieren lassen. Er verkaufte sein Hab und Gut in Japan, übersiedelte mit seiner Frau ganz nach Südafrika und widmete sich der Vermittlung japanischer Kultur und der Erziehung der Schwarzen. Er ist der bereits erwähnte Leiter von EMRO Südafrika.

Herr Yoshida war vor sechs Jahren durch mein Buch »Eine Revolution zur Rettung der Erde« mit EM in Kontakt gekommen. Er schrieb mir damals einen Brief, in dem er sein Interesse an der Verbreitung von EM in Südafrika bekundete. Daraufhin traf ich ihn auf meinem Rückweg von einem Besuch in Europa zum ersten Mal. Bald schon hatte er mich mit seiner Begeisterung angesteckt. Damals hatte EM erstmalig in Frankreich Fuß gefasst, wo ich gerade ein Seminar über EM abgehalten hatte. Mit Herrn Yoshida schien es mir möglich, die ersten Schritte in Südafrika zu machen. Ohne sein festes Vertrauen in EM wäre der Erfolg der Internationalen Konferenz in Südafrika 1999 nicht möglich gewesen.

Auch Frau *Shizuko Ouwehand* in Europa und Herr *Takanori Ohishi* in Australien unterstützen mit dem gleichen Enthusiasmus wie Herr Yoshida die EM-Bewegung in ihren jeweiligen Ländern.

50 000 EM-Studenten verändern Thailand

Thailand war das erste Land neben Japan, das EM einführte, es ist sozusagen ein fortschrittliches EM-Land. Stützpunkt für den EM-Landbau in Thailand ist das etwa zwei Stunden Autofahrt nördlich von Bangkok am Zugang zu einer Hochebene gelegene »Saraburi Centre«. Es galt auf Grund fehlender Wasserquellen als ein für die Landwirtschaft völlig ungeeignetes Gebiet. Mit dem Aushub von Teichen als Wasserspeicher wurde auch der Einsatz von EM begonnen; dadurch ist hier nun das ganze Jahr über der Anbau vielfältigster Früchte möglich geworden. Saraburi Center ist inzwischen zu einer weltweit ausstrahlenden, beispielhaften EM-Anlage geworden.

Am Ausbildungszentrum in Saraburi werden Interessierte aus vielen Ländern, hauptsächlich aus Asien, in den Umgang mit EM eingewiesen. Bisher sind das über 2000 Ausländer, hinzu kommen noch etwa 50 000 einheimische Thais. Damit ist Saraburi das Zentrum für die Ausbreitung von EM in Asien geworden.

1999 hat man mit einem echten integrierten System begonnen, das Acker-bau, Vieh- und Fischzucht miteinander kombiniert. Die Fläche wurde um acht Hektar erweitert. Dort werden Schweinezucht, Geflügelhaltung, Fisch-zucht, Acker und Reisfelder integriert und als optimal funktionierendes Rohstoff-Kreislaufsystem, das auch die Gülle mit einbezieht, betrieben.

Eine Besonderheit in Thailand besteht darin, dass auch Soldaten an ihren jeweiligen Stationierungsorten EM im Landbau zur Selbstversorgung ein-setzen. Besonders in Zusammenhang mit der Wirtschaftskrise von 1997 hat die Armee eine Vorreiterrolle für die Verbreitung von EM gespielt. Viele Soldaten stammen aus Bauernfamilien und das, was sie während des Militärdienstes über EM gelernt haben, geben sie bei ihrer Rückkehr ins Zivilleben als Erfahrungsschatz an die Heimatdörfer weiter.

Vor sieben Jahren war EM in der Provinz Lamphun im Norden Thailands hauptsächlich zum Anbau von Mango-Früchten eingeführt worden. Inner-halb von fünf Jahren verfünffachten sich die Einnahmen der Bauern durch die Steigerung der Qualität ihrer Produkte und die sinkenden Kosten auf Grund des Verzichtes auf Kunstdünger und Pestizide.

Nachdem die Hummerzucht durch Wasserverschmutzung und Virusbe-fall schwer geschädigt war, fielen die Exporterlöse auf unter zwei Milliar-den Yen. Seit dem Beginn des Einsatzes von EM vor fünf Jahren ist der Umsatz wieder auf 20 Milliarden Yen gestiegen.

Die Provinz Lamphun plant nun, EM in großem Maßstab bei der Abwas-serreinigung und der Behandlung des Biomülls einzusetzen; dies soll in einem Gemeinschaftsunternehmen unter Beteiligung der Provinzregierung durchgeführt werden. Thailand hat in den letzten Jahren durch Trockenheit und andere Naturkatastrophen sowie auf Grund einer Währungskrise eine tief gehende wirtschaftliche Depression erlebt. Mit der EM-Behandlung von Biomüll, Reisspreu und Kuhdung konnten die EM-Bauern der Region die Auswirkungen dieser Flaute aber größtenteils auffangen.

Das Zentrum von Chienmai wird von einem künstlichem Kanal durchzo-gen, der durch die eminente Bevölkerungszunahme stärkster Verschmut-zung ausgesetzt und zur Kloake verkommen war und übel stank. Seit mei-nem Vortrag 1993 über die Geruchsbeseitigung durch EM wurde unter der Leitung des örtlichen Rotary Clubs mit der Unterstützung des japanischen Clubs EM eingeführt. Nachdem EM für den Kanal und die Mülldeponien eingesetzt wurde, verschwanden die üblen Gerüche und auch die Fliegen. Küchenabfälle werden recycelt. Nach weiterer Anwendung von EM wurden die Stechmücken (Hauptträger der Malaria-Erreger) stark reduziert. Durch diese offensichtlichen Erfolge sah sich das städtische Umweltamt veranlasst, der Verwendung von EM höchste Priorität einzuräumen.

Üblicherweise kommen in Thailand Pestizide und Kunstdünger noch großzügig und ohne Problembewusstsein zum Einsatz; mit zunehmender Verwendung von EM nimmt jedoch Qualität und Menge der Ernten zu, die Umwelt und ebenfalls die Gesundheit der arbeitenden Bevölkerung wird geschont. Daneben ist natürlich der Gesichtspunkt besonders interessant, dass sich der Einsatz auch wirtschaftlich auszahlt.

So konnte EM in Thailand durch den Einsatz von 50 000 EM-Absolventen in mehr als zehn Jahren nachhaltig Fuß fassen.

Ergebnisse auf Bali und Sri Lanka

Das asiatische Stammland der EM-integrierten Systeme ist die indonesische Insel Bali. Dort nutzt man den Neigungswinkel der Berghänge aus, um von hoch oben bis ins flache Land hinein Unterkünfte, Viehställe, Trocken- und Nassfelder anzulegen, wobei alles, vom Brauchwasser bis zu den Abfällen, recycelt wird.

Ganz oben auf dem Berg befinden sich die Behausungen der Bewohner, das Toiletten- und Badewasser von dort wird mit EM gereinigt und in einem Kreislauf wiederverwendet. Dieses Wasserkreislaufsystem wurde nach dem Vorbild der Kläranlage der Bibliothek in Gushikawa auf Okinawa entworfen.

Als Nutztiere werden unterhalb dieser Wohngebiete Bergschafe, Schweine, Rinder und Geflügel gehalten; sie alle werden mit EM gefüttert, die Exkremente mit EM fermentiert und somit bis auf den letzten Tropfen wirksam genutzt. Nachdem beispielsweise der Hühnerkot durch die EM-Behandlung zu Bokashi verarbeitet wurde, werden ihm Regenwürmer zugesetzt, die mit Fisch-Innereien und Rinderdung gezogen wurden, und das Ganze wieder ans Geflügel verfüttert. Mit der Fütterung von EM-behandeltem Kot ist eine qualitative und quantitative Steigerung bei den Eiern erreicht worden.

Pestizidfreies Reisstroh wird Futter für Rinder und Bergschafe; dieses rückstandsfreie Futter ist bedenkenlos einsetzbar, sodass Erkrankungen bei Haustieren nicht mehr auftreten. Mit dem Kot der Bergschafe werden die Enten gehalten; EM-behandelte Schweinegülle kommt auf Gemüse- und Maisfeldern als Dünger zum Einsatz.

Gewöhnlich stinkt Schweinegülle gewaltig, aber dieser Gestank verschwindet und das Ganze verwandelt sich in wertvollen Dünger. Zum Erstaunen der einheimischen Bevölkerung erreichen die Papayas nun die mehr als doppelte Größe. Die pflanzlichen Rückstände aus der Papaya- und Bananenzucht werden als Futter für die Bergschafe und Rinder verwendet. In die am Fuße des Hangs zuunterst gelegenen Nassfelder fließt nun der EM-behandelte Urin, er fermentiert die Bodenoberfläche, die dann der Feldbestellung für Reis dient. Der Boden ist nun locker und fruchtbar, die Erträge können sich gegenüber dem konventionellen Anbau sogar verdoppeln.

Nach den zwei jährlichen Ernten bauen die Bauern als Zwischenfrucht Gemüse an. Kein Pflügen, kein Unkrautjäten, keine Pestizide, kein Kunstdünger – reichlichste Ernten allerbester Qualität.

Indonesiens Wirtschaftskrise hatte auch auf Thailand tiefgreifende Auswirkungen, wodurch sich die Notwendigkeit einer beschleunigten Verbreitung von EM ergab. Die Regierung stellte umgehend die dringlich gewünschte Registrierung aus und bat mich um Unterstützungen bei der Einführung von EM. Die EMRO verbesserte daraufhin die Produktionseinrichtungen. Die Stiftung Nature Resource Development unter der Federführung der EMRO führte ein Trainingsprogramm wie in Saraburi durch, bei dem inzwischen bereits Tausende die Schulungen hinter sich gebracht haben. Dadurch ist EM in Bali sehr bekannt. Auf diese Weise waren wir in der Lage, jedem Flecken auf Bali einen EM-Berater zur Verfügung zu stellen, der sich ganz den Fragen der Bauern widmen konnte. In den Schulen wurden Ausbildungsgänge zum Umgang mit Biomüll und andere Umweltschutzmaßnahmen entwickelt, Bauern, die sich bei der Anwendung von EM als besonders erfolgreich erwiesen hatten, nutzten ihre so gewonnene Freizeit, um als »Kontakt-Bauern« anderen EM näher zu bringen.

Der große Erfolg von EM in Indonesien ist dem unermüdlichen Einsatz von Herrn *Wididana* zu verdanken, der sein Studium 1990 an meiner Fakultät abschloss. Als Anerkennung seiner Verdienste wurde ihm ein Stab von 50 Personen zur Unterstützung seiner EM-Forschungseinrichtung zur Verfügung gestellt, um Aktivitäten entwickeln zu können, die zur Verbreitung von EM in ganz Indonesien führen sollen.

Es ist die Aufgabe eines Entwicklungslandes, seine Wirtschaft auf der Grundlage des ersten Wirtschaftssektors zu entwickeln. Je schwieriger es einem Land fällt, entsprechende finanzielle Unterstützung zu erhalten, desto größer sind die in EM gesetzten Hoffnungen. Daher ist es kein Zufall, dass EM gerade in Thailand und Indonesien die breiteste Akzeptanz erfuhr.

Auch in Sri Lanka hat sich die Verbreitung von EM als sehr nützliche technische Hilfe für das Land erwiesen, denn es spielt hier eine zentrale

Rolle in den gesellschaftlichen Entwicklungsbewegungen hin zu mehr Autonomie. Dazu zählt auch die von dem Gandhi-Friedenspreisträger *Dr. A.T. Ariyaratne* geführte Bauernbewegung Sarvodaya (NPO). Dr. Ariyaratne ist auch der Vertreter Sri Lankas in dem von mir geleiteten »Asiatisch-pazifischen Netzwerk für natürlichen Landbau« (APNAN). Sarvodaya unterhält Krankenhäuser, Banken und Trainigszentren und verfügt über gute Beziehungen zur Regierung. Es wird aktiv von vielen NGOs und UNDPs unterstützt. Der Entschluss, EM nach Sri Lanka einzuführen, kam vor fünf Jahren durch einen Besuch des stellvertretenden Landwirtschaftsministers und einer Forschergruppe Sri Lankas in Saraburi zu Stande. Dort konnten die Herrschaften mit eigenen Augen die vortreffliche Wirkung von EM sehen. Daraus erfolgt der förmliche Beschluss zur Einführung von EM. Bis dahin hatte EM zwar unter anderem Eingang in die Landwirtschaftliche Fakultät der Universität Peradeniya gefunden, aber trotz der ausgezeichneten Ergebnisse wurde es mit der bereits genannten Phrase »Die japanische Akademie für Düngmittel hat EM abgelehnt,« stets abgewiesen.

In Japan, dem Land mit Spitzenleistungen in der Landwirtschaft, meint man, nur diejenigen setzen auf EM, die Probleme in ihrer landwirtschaftlichen Produktion haben. Aber in Wirklichkeit hat ganz einfach derjenige nur EM das nötige Vertrauen geschenkt und mit der Anwendung signalisiert, darin die Anbaumethode der Zukunft zu sehen und nicht in der so genannten modernen Landwirtschaft. Sonst könnte Japan die Bewegung hin zu einer künftigen, nachhaltigen Landwirtschaft verpassen.

Im Juli 1999 habe ich als Redner bei der »Asia Productivity Organization« Sri Lanka besucht. Dr. Ariyaratne bedankte sich bei mir für die gelungene EM-Einführung. Die sich einst ihrer Bestimmung so bewusste und kühne Sarvodaya-Bewegung war just zu dem Zeitpunkt technisch in eine Sackgasse geraten, als auch die Hilfe aus dem Ausland weniger wurde. Durch dieses Dilemma hatte Dr. Ariyaratne seine Gesundheit verloren. Heute trinkt er EM-X, ist gesund und widmet sich neuen Visionen.

Ägypten sucht neue Wege in der Bewirtschaftung der Wüste und Pakistans Landwirtschaft unter der Führung des Militärs
Hat man einmal den für die Landwirtschaft verantwortlichen hohen Beamten die positive Wirkung von EM bewusst gemacht, wie es etwa in Sri Lanka der Fall war, so setzen sie sich in aller Regel aktiv für EM ein. Das war so auch in Ägypten der Fall, wo der Minister für Landwirtschaft und Forsten als stellvertretender Ministerpräsident großes Interesse an EM

entwickelte und mit *Dr. Mamdouh Riad* einen hohen Beamten des Ministeriums nach Japan sandte, um sich über die Einfuhr von EM zu erkundigen. Im März 1997 wurde dann zwischen dem Ministerium und der EMRO ein Übereinkommen geschlossen, wonach »EM in der Landwirtschaft und der Umwelt angewendet werden sollte«. Auf dieser Basis kam es in der Folge zu einer lebhaften Forschungs- und Versuchstätigkeit. In ausgewiesenen Betrieben wurden Oliven, Trauben, Bananen, Papayas und Gemüse mit EM angebaut; die so erzielten Resultate stießen auf ein über allen Erwartungen liegendes Interesse der ägyptischen Wissenschaftler; und auch in wissenschaftlichen Kreisen Japans nahm daraufhin die Gegnerschaft gegenüber EM merklich ab.

Anfänglich waren auch die Ägypter bestrebt, in ihrem Land eine Spitzenlandwirtschaft nach modernsten Methoden voranzutreiben, aber durch ihre Erfahrung mit EM zeigten sie wieder Interesse an einer Rückkehr zu den landwirtschaftlichen Wurzeln, nämlich dem biologischen Landbau. Bei meinem Besuch im Sommer 1999 nahm bereits eine große Zahl von Wissenschaftlern und Forschern an meinem Seminar teil, aus dem sich intensive, fruchtbare Diskussionen über EM entwickelten. Die Ernteergebnisse der letzten beiden Jahre lösten allgemeines Erstaunen aus.

In der im Wüstengürtel um Kairo gelegenen Stadt Sadat City wurden Haushalts- und Fabrikabwässer mit EM gereinigt und zur Wüstenbegrünung und in der Landwirtschaft eingesetzt. Dazu legte man in der Wüste große Teichreihen an, in denen das Abwasser gesammelt, EM hinzugegeben und dann über vier, fünf Teiche tiefer weitergeleitet wurde. Vom Zeitpunkt des Einfließens bis zum Ausfließen vergingen nicht mehr als 24 Stunden; es war nichts weiter zu tun, als das Wasser vom oberen bis zum unteren Teich abfließen zu lassen. Im Laufe von einigen Monaten ließen sich auf diese Weise stinkende Abwasser in Fischteiche verwandeln, nach einem weiteren halben Jahr war das Niveau von wiederverwertbarem Brauchwassers erreicht.

Ganz besonders erhofft sich die ägyptische Seite von EM wirksame Maßnahmen gegen Versalzung – die schicksalsbestimmende Geißel der Wüstenlandwirtschaft. Es heißt ja allgemein, Wüstenländer besäßen keine Wasserressourcen, aber unterirdisch verlaufen dort viele Wasseradern, die jedoch von der Versalzung bedroht sind. Wenn man diese mit Salz belasteten Wasserquellen mit EM behandelt, wird die Ionisierung des Salzes verhindert, sodass die Pflanzen es nicht mehr mit ihren Wurzeln aufnehmen. Das ist ein sehr eigenartiges Phänomen, mit dem Schäden durch zu hohen

Salzgehalt des unterirdischen Wassers vermieden und prächtige Ernteerträge ermöglicht werden. Bereits eingetretene Salzschädigungen lassen sich vermindern, selbst große, weiße Salzansammlungen an der Bodenoberfläche sind verschwunden.

Auch Pakistan setzt seine Hoffungen auf EM bei Schädigungen durch Salz. Daher wurde hier vor fünf Jahren eine Fabrikationsstätte für EM eingerichtet; die Erfahrungen damit erwiesen sich als äußerst positiv. Bei Treffen mit der damaligen Premierministerin *Bhutto* und dem Staatspräsidenten wurde die Übereinkunft getroffen, EM als Aufgabe der nationalen Politik zu definieren. Aber mit dem Machtwechsel wurde die NPO von der Universität Faisalabad getrennt.

Vorher ragte die EM-Forschung aus der Menge heraus; es gab pestizidfreie Baumwollkulturen, die systematische Nutzung tierischer und menschlicher Exkremente durch Fermentationsbecken mit EM, Maßnahmen mit EM gegen Salzschäden – revolutionäre Ansätze bei der Lösung grundsätzlicher Fragen in Wüstenlandwirtschaft. Nach dem Wechsel von der Regierung Bhutto zu Musharraf und der daraus folgenden Ungewissheit, ob die neue Regierung die gleiche Begeisterung für EM aufbringen würde, oder ob eine Umkehr zu befürchten sei, verlagerte ich den Schwerpunkt meines Wüstenbegrünungsprogramms nach Ägypten. Es sei dahin gestellt, ob eine Militärregierung für Pakistan Glück oder Unglück bedeutete: Der neue Machthaber, General *Musharraf,* wandte sich zu Winteranfang 1999 mit der Bitte an mich, das begonnene EM-Programm fortzuführen. Er äußerte den starken Wunsch, dass ich möglichst bald wieder nach Pakistan käme. Ende Januar kam ich unter zeitlichem Stress in der Hauptstadt Islamabad für drei geplante Übernachtungen an.

Gleich zu Beginn kam es zu einem auf eine Stunde projektierten Gespräch mit General Musharraf, drei weiteren Top-Generälen und den zuständigen Ministern. Die Themen kreisten um Land- und Forstwirtschaft, dem Umwelt- und Gesundheitsschutz. Die Dauer des Gesprächs dehnte sich schließlich auf zweieinhalb Stunden aus. Es fand im Amtszimmer des Premierministers statt, genau dort, wo ich auch voher mit Premierministerin Bhutto zusammengetroffen war. General Musharraf sah die vordringlichste Aufgabe seiner Revolutionsregierung in der Beseitigung der Armut und in Umweltschutzmaßnahmen. Gleichzeitig sollte der Boden für eine Demokratisierung bereitet werden, um nach zwei Jahren eine Regierung »aus dem Volk« die Amtsgeschäfte übernehmen zu lassen. Daher sollte unter militärischer Leitung das leistungsfähige EM in ganz Pakistan verbreitet werden.

Ich legte daraufhin meine Erfahrungen in Nordkorea, Vietnam und Myanmar dar und führte aus, dass es technisch gesehen keinerlei Probleme hinsichtlich EM geben dürfte. Jetzt, da das nordkoreanische Programm seinen Arbeitshöhepunkt überschritten hatte, könnte ich Pakistan bevorzugt behandeln. Zufällig war auch General Musharrafs jüngerer Bruder (Botschafter in Nordkorea) anwesend, der mich in meiner Ansicht unterstützte, bis Ende Februar ein Aktionsprogramm zu erstellen.

Beim Abschied entschuldigte sich Musharraf für alle illegalen Handlungen seiner Regierung und bat mich, das Bisherige zu vergessen und kooperativ mitzuwirken. Er drückte mir noch lange und herzlich die Hand. Aber noch bevor Ende Februar das Aktionsprogramm zusammengestellt war, gab es erneut Unruhe. Die Anti-EM-Fraktion kramte das Papier des japanischen Düngerverbandes hervor und begann böswilligen Widerstand zu leisten.

Als mir dies alles zu Ohren kam, stufte ich es als ein internes Problem Pakistans ein, ob es EM weiter einsetzen wollte oder nicht. Mir lag mehr daran, dass die bisherigen Erfolge von EM die gebührende Anerkennung erhielten. Mir wurde dann doch mitgeteilt, dass man unbedingt an EM festhalten wolle und mit aller Strenge gegen die opponierende Fraktion vorgehen würde. Und in der Tat: Mitte März wurde unter dem neuen System mit der Herstellung von EM begonnen; die Verteilung erfolgte hauptsächlich durch die Armee.

Weiterführende Forschung ist sehr willkommen
Bereits in meiner Jugendzeit hatte ich die Absicht, durch meine Arbeit die Landwirtschaft und Industrie meiner Heimat Okinawa tatkräftig zu unterstützen, gleichzeitig zeichnete sich schon die Wunschvorstellung ab, meine Kraft auch der Entwicklung der Landwirtschaft in anderen Länder zu Verfügung zu stellen. Deshalb arbeitete ich bereits vor etwa 30 Jahren an diversen Entwicklungsprogrammen für die Landwirtschaft in Thailand und auf den Philippinen mit. In Japan konzentrierten sich meine Experimente auf kleinste Parzellen und Topfpflanzen; das Ackerland in Japan war so zerstückelt – etwas wie große Nutzgärten oder Farmen wie in Übersee gab es hier nicht. Eigentlich muss die Landwirtschaft die Grundlage der Nation bilden und das tragende Fundament des Landes sein.

Schon als Schüler des fünften Grundschuljahres wurde mir deutlich bewusst, wie wertvoll die Arbeit in der Landwirtschaft ist. Nach dem Abitur begann ich ohne Umschweife mit dem Studium an der Hochschule für Land- und Forstwirtschaft. Inzwischen ist die japanische Landwirtschaft völlig überreguliert und somit zu einer schweren Bürde für das ganze Land verkommen. Was ich als meine schicksalhafte Aufgabe ansehe, war in Japan nur schwer zu verwirklichen, und so sah ich mich gezwungen, meine Vorstellungen in Modellversuchen auch außerhalb von Japan zu realisieren. Die eher zufällige Entdeckung von EM hat mir ermöglicht, den bereits in meiner Jugend gehegten Wunsch, Menschen anderer Länder zu helfen, zu erfüllen. Wenn in diesen letzten zehn Jahren EM in bereits über 100 Ländern Fuß gefasst hat, so sehe ich das als ganz natürliche Entwicklung an.

EM zeigt in allen Ländern der Erde hervorragende Fortschritte. Wie sehr wünschte ich mir, allen Ländern der Erde helfen zu können, aber allein kann ich das nicht schaffen. Ich fasse es als großes persönliches Glück auf, EM entdeckt zu haben; aber gleichzeitig ist mir klar, dass das große Potential von EM nur mit Hilfe vieler Menschen realisiert werden kann.

EM ist etwas, das mir der Himmel anvertraut haben könnte. Nein, keine Angst, ich habe nicht den Stimmen der Götter gelauscht! Aber ich bin entschlossen, alle meine Kraft der Verbreitung von EM zu widmen, denn ich bin zutiefst davon überzeugt, dass mit EM die für die Menschheit so wichtigen Probleme der Landwirtschaft gelöst werden können.

Aber wir zwingen es niemandem auf. Wir sagen, dass wir ein überragendes Produkt haben und bieten allen an, es doch einmal auszuprobieren (dabei leisten wir selbstverständlich Hilfestellung). Sollten aber einmal nützlichere Mikroorganismen als EM auftreten, würden wir das derzeitige EM auf der Stelle zurückziehen und das neue, bessere unterstützen. Aber EM ist die perfekte Form der Koexistenz und Koprosperität, sodass ich mir ein neues Produkt nur als Weggefährten von EM vorstellen könnte. Ich begrüße jede Forschung über EM aufs Wärmste, denn ich sehe in EM die Basis eines universalen Standards.

Schädliche Mikroorganismen werden durch EM in Schach gehalten
Bei meinem Besuch im Sommer 1999 in den Niederlanden hatte ich Gelegenheit, mir durch ein spezielles Spiegelreflexmikroskop einen Tropfen menschlichen Blutes anzusehen. Die Bilder waren scharf wie bei einem Video, da das Mikroskop das Auflösungsvermögen eines Elektronenmikroskops hatte. Ich erkannte Ansammlungen von Hefen, Viren, Bakterien etc. die mit einem gewöhnlichen Mikroskop nur undeutlich auszumachen wären. Ich konnte auch Mikroorganismen ausmachen, die die gleichen Eigenschaften wie Photosynthesebakterien haben.

Der die Forschung betreibende Arzt erklärte mir, dass an Hand der Dichte und Art der Mikroorganismen im Blut eine Krankheit korrekt zu diagnostizieren sei und daraus geschlossen werden kann, dass Menschen, deren Körper durch schlechte Mikroorganismen verunreinigt ist, dann auch eher erkranken. Chronische Krankheiten stehen mit bestimmten körpereigenen Verunreinigungen durch Mikroorganismen in Verbindung. Dieser Arzt sieht es als erwiesen an, dass EM-X eine reinigende Wirkung auf die Verschmutzung des Blutes mit Mikroorganismen hat. Zudem wirkt EM-X offensichtlich gegen Infektionskrankheiten.

Ich sah meine bisherigen Behauptungen durch diese Anmerkungen untermauert und meine, dass man auch Parallelen zur Erde insgesamt ziehen kann, denn wenn unsere Umwelt, insbesondere die Landwirtschaft, von degenerativen Mikroorganismen dominiert wird, kann dabei nichts Gutes herauskommen. Das derzeitig die Landwirtschaft am stärksten bedrückende Problem der Verschmutzung ist daher letztendlich nicht mit konventionellen Methoden zu beheben.

Soweit ich es nach meiner Kenntnis abschätzen kann, wird das nur mit Mikroorganismen zu bewerkstelligen sein. Der Beginn des Einsatzes von EM legt alle Hebel um in Richtung einer sauberen Umwelt.

Dies hat im letzten Jahrzehnt weltweite Publizität erfahren. Meine zukünftige Rolle besteht darin, Informationen zu liefern, in wie weit EM effizient und kostengünstig eingesetzt werden kann. Zu diesem Zweck stellen wir seit mehreren Jahren technische Einrichtungen zur Vermehrung von EM zur Verfügung. Dadurch ist jeder mit seinem Reis-Waschwasser in der Lage, EM zu vermehren und einzusetzen.

Das 20. Jahrhundert hat jedem Land einen Kahlschlag der Wälder, eine Schwächung und Zerstörung der Böden durch übermäßigen Gebrauch von Pestiziden und Kunstdünger, den Anstieg schwerer Erkrankungen durch das Eindringen schädlicher, chemischer Substanzen in den Körper, und die Zerstörung der Umwelt durch sauren Regen beschert, kurzum ein Umfeld, in dem sich schädliche Mikroorganismen allzu wohl fühlen können. Alle komplexen, schweren Probleme der Menschheit resultieren aus diesen Zuständen.

Letztendlich wird sich jeder Mensch, auch wenn er selbst nichts Schädliches anstellt, um den Zustand der Umwelt, um die Sicherstellung seiner Ernährung und um die eigene Gesundheit sorgen. Der Grund für diese Sorge liegt darin, dass wir ein Zivilisationssystem aufgebaut haben, in dem die Oxidationsvorgänge durch Freie Radikale, die als Folge der Verschmutzung erzeugt werden, gefördert werden. Aber wir sollten keineswegs in einen unnötigen Pessimismus verfallen, denn wenn alle EM verwenden, kann die Umwelt ohne größere Anstrengung genesen, die Nahrungsmittelversorgung für alle reichlich ausfallen und der Mensch kann wieder gesunden. Ich sehe es als meine Aufgabe an, allen dieses einfache Prinzip nahe zu bringen.

Bei genauer Untersuchung von EM ist noch etwas sichtbar geworden: EM zieht von außerhalb freie Energie an. Pflanzen bilden mit Hilfe von Kohlensäuregas, Wasser und Sonnenkraft neue Stoffverbindungen, wobei ein Mechanismus arbeitet, der starke Energie heranzieht. So machen es Pflanzen!

Im Falle von EM ist dies die starke antioxidative Funktion und die von außen hereingeholte Energie, die wir Resonanzwellen-Effekt nennen. Es gibt verschiedene Typen von Wellen. Bei EM wird vermutet, dass es sich um Wellen ultrahoher Frequenz, aber ultraniedriger Energie handelt, sodass sie Eigenschaften magnetischer Resonanz aufweisen, was dem normalen wissenschaftlichen Verständnis vollkommen widerspricht. Wenn EM wirkt, dann lässt es die Energie der Radikal-Reaktion verschwinden und macht sie so in vielen Fällen unschädlich. Gäbe es hier keine Verbindung zu den ungewöhnlichen magnetischen Resonanzwellen von EM, wären die Beseitigung von Dioxinen und Radioaktivität oder die Selbstheilung nur schwer zu erklären.

Eine auf Kostenersparnis abzielende Genmanipulation ist gefährlich
Genetische Veränderungen sind zu einem heiß diskutierten Thema geworden. Aber Genmanipulationen unterscheiden sich ein wenig von (normalen) Kreuzungen und Hybridbildungen über Veränderungen der DNA, zudem hielte ich es für eine große Gefahr, wenn man versuchte, den Menschen damit verbessern zu wollen. Das brächte der Menschheit zukünftig ein weiteres, neues großes Problem, und vielleicht hätte es die gleichen Ausmaße wie die mit der Atomenergie verbundenen Strahlen. Solche Überlegungen lassen mir einfach keine Ruhe.

Ich unterstreiche ausdrücklich, dass keine Notwendigkeit für Genmanipulation besteht, denn wenn beim Anbau unter gründlichem EM-Einsatz Antioxidationskräfte gesteigert und die Resonanzwellen gestärkt werden, können gewöhnliche Rahmen gesprengt und so genannte Grenzbruch-Phänomene erreicht werden. Beste Resultate sind auch ohne Genmanipulation nur durch die Tätigkeiten von Bauern möglich. Dies ist kostengünstiger, und obendrein wird die Umwelt grundlegend gereinigt, sodass alles in einen gesunden Kreislauf zurückgeführt werden kann. Aber solange unsere derzeitige Agrarmethode mit ihren Vergiftungen und lebensbedrohlichen Verfahren bestehen bleibt, wird es zu Genmanipulationen kommen, die wir mit einem Selbstmord der Menschheit gleichsetzen müssten.

Zur Zeit steigt die Zahl der Genmanipulationen bei amerikanischen Feldprodukten noch rapide an. Diese Produkte sind hauptsächlich für den Export bestimmt. Das Allzweck-Unkrautvernichtungsmittel »Round up« soll noch widerstandsfähiger und in der Herstellung kostengünstiger werden, denn das amerikanische Volk akzeptiert dies.

Vor dem Hintergrund der Genmanipulation wird aber eine Landwirtschaft, die sich auf chemische Substanzen stützt, gegen die Wand gefahren und in zunehmende Schwierigkeiten geraten. Die Art und Weise, wie sich die Staaten USA und Kanada verhalten, ähneln im Falle der Pestizide und des Kunstdüngers denen großer Unternehmen. Obwohl schon lange vor den Gefahren chemischer Substanzen gewarnt wird – man denke an das Buch »Der stumme Frühling« von *Rachel Carson* – stellen sich Konzerne und Staaten blind. Nun haben wir alle das Ergebnis vor Augen, und es gibt nirgends eine Garantie dafür, dass das Gleiche bei der Genmanipulation nicht so ablaufen sollte.

Auch kleine Mengen Dioxin können große Auswirkungen auf den menschlichen Körper haben. Allergien und die merkliche Senkung der Immunkräfte auf Grund von Genmanipulationen sind nachweisbar. Der renommierte Genforscher *Dr. John Fagan* hat in seinem Buch »Genetic Engineering« (Genetic Engineering: The Hazards, Vedic Engineering: The Solutions by John Fagan, Ph.D.) über die Sicherheitsaspekte im Wissenschaftsbetrieb Amerikas geschrieben. »Die Forschung an sich ist gut, aber in der Praxis bleiben zu viele Fragen offen.«

Dr. Fagan verzichtete daraufhin auf 200 Millionen Yen Forschungsgelder und stellte sich an die Spitze einer Gegenbewegung. Wir können doch nicht ausschließen, dass wir wie bei Kunstdünger und Pestiziden in der Genmanipulation wieder eine Epoche des »notwendigen Übels« betreten. Ein notwendiges Übel ist und bleibt ein Übel. Mit EM kann dieser Widerspruch in sich nicht zur Entfaltung kommen. Es gibt keinen Grund, warum man Genmanipulationen absichtlich durchführen sollte.

Sicher hat es auch seine nützlichen Seiten, dass man »Unkrautvernichtungsmittel« nur noch einmal ausbringen muss und so weniger Pestizide verbleiben oder die Haltbarkeit der Produkte gesteigert wird, aber die Ergebnisse sind nicht überragend. Das Verkaufsargument ist zumeist die erhöhte Arbeitsproduktivität. Man kann mit Recht auf geringere Kosten und eine bessere Effektivität hoffen. Aber das wird wie bei Dioxinen und Umwelthormonen mit irreversibeln Umweltverschmutzungen und exzessiven gesellschaftlichen Kosten erkauft. Erneut eine solche prekäre Situation heraufzubeschwören, macht keinen Sinn. Setzt man dann noch das Konkurrenzprinzip bei der Genmanipulation voraus, so gilt nur noch: Gewinn ist alles. Diese Leute verkaufen dann Träume, z.B. von Pflanzen, die mit Salzwasser gedeihen oder die bei höchster Trockenheit in der salzverseuchten Wüste Früchte tragen, und täuschen letztendlich die Menschen.

Seitdem vor etwa 15 Jahren die »Pomato« (Kartoffel-Tomate) für große Aufregung gesorgt hat, werden riesige, aufgeblähte Budgets in der Biotechnologie verschwendet, ohne dass es hierbei zu Ergebnissen mit echtem gesellschaftlichen Beitrag gekommen ist. Bis jetzt zeichnet sich keineswegs die Möglichkeit ab, dass irgendwann Pflanzen »erscheinen« könnten, die diese widersprüchlichen Bedingungen erfüllen.

Es ist essentiell falsch, auf die Fähigkeit der Gene zu bauen, denn sie geraten in einem für sie unpassenden Umfeld in einen funktionslosen »off«-Zustand. Wollte man sie wieder zwingen, zum »on«-Zustand zurückzukehren, würde es mit dieser Last an anderen Stellen zu Schäden kommen. Schafft man mit EM ein unverschmutztes, antioxidatives Umfeld, dann befinden sich die Gene natürlicherweise in einem »on«-Zustand und es werden aus gewöhnlichen Qualitäten Superqualitäten.

Schaut man sich die bisherige Technologie an, so hat man vergessen, die Nutzpflanzen in angemessener Zeit in einem passenden Umfeld wachsen zu lassen, man hat mit Kunstdünger, Pestiziden, Salzen und anderen chemischen Substanzen den Boden verunreinigt, ohne sich über die tödlichen Konsequenzen klar zu werden.

Herr N. aus Kagawa kaufte sich auf dem Rindermarkt äußerst billige, minderwertige Hine-Kälber und wollte sie in kurzer Zeit zu japanischen Rindern der besten Qualitätsstufe aufmästen, aber die Tiere waren von Krankheiten geschwächt und nicht über Nahrung aufzupäppeln; ökonomisch gesehen schienen sie ein Fehlgriff, weil sie so nicht mehr zu verkaufen waren. Herr N. gab ihnen EM-X-Injektionen und EM-Nahrung, und sie gediehen prächtig.

Wir finden eine ganze Reihe ähnlich gelagerter Beispiele bei Schweinen, Schafen, Geflügel, kurzum bei allen Tieren. Daher besteht keine Notwendigkeit zum Klonen. Mit der Einnahme von EM-X kann immer häufiger Unfruchtbarkeit, auch beim Menschen, behandelt werden und so gesunder, lang ersehnter Nachwuchs auf die Welt kommen.

Auf den Weg zu einer Gesellschaft gemeinsamer Prosperität

Immer mehr EM-Artikel kommen auf den Markt

In letzter Zeit haben wir immer mehr Produkte auf den Markt gebracht, die unter Verwendung von EM produziert werden. Wir hoffen, dass der bereits erwähnte EM-Fermenter »Hundertfacher Nutzen« bald allgemeine Verbreitung findet. Ein Vinyl-Behälter, dem EM-X beigemischt ist, wird ebenfalls ein Erfolg werden, weil sich das darin aufbewahrte Gemüse oder Fleisch im Kühlschrank etwa zwei- bis dreimal länger als sonst frisch hält. Zur Zeit werden in unseren Haushalten zum Frischhalten noch Produkte aus Vinylchloridfolie verwendet, die jedoch bei der Verbrennung Dioxin freisetzt. Die riesige Menge an Verpackungen, die zurückgenommen werden muss, bereitet den großen Herstellern erhebliche Schwierigkeiten.

Daher setzt man bei Haushaltsgegenständen nun auf Materialien, die kein Dioxin emittieren können. Vinylchlorid reagiert aber bei der Verbrennung mit dem Kochsalz im Hausmüll und setzt so Dioxine frei. Dies ist ein ganz großes, gesamtgesellschaftliches Problem geworden.

Wir sind im Laufe unserer Forschung mit EM zu der Erkenntnis gelangt, dass die Hitzebeständigkeit der von EM ausgehenden Resonanzwellen und der Antioxidantien sehr hoch ist und diese Fähigkeit auch nicht bei der Umwandlung in Keramik verloren geht. Es ist deutlich geworden, dass EM-X und EM-X-Keramik ihre Eigenschaften beibehalten, wenn man sie anderen Substanzen beimischt. Das bedeutet nun, dass jedes Material in eine Substanz verwandelt werden kann, die einen EM-ähnlichen Charakter hat. Das bei der Verbrennung Dioxin erzeugende Chlorvinyl ist leicht und billig zu verarbeiten und kann in gut handhabbaren Kunststoff verwandelt werden. Mischt man ihm nun eine entsprechende Menge EM-X-Keramik bei, entsteht bei der Verbrennung kein Dioxin mehr; setzte man allen Kunststoffen EM-X-Keramik zu, dann sollte die Entstehung von Dioxin – selbst wenn salzhaltige Stoffe dabei sind – eingedämmt werden können.

EM-X-Keramik hat die Kraft, schädliche elektromagnetische und ultraviolette Strahlung unschädlich zu machen; zudem unterdrückt es das Auftreten von statischer Elektrizität und kann daneben den elektrischen Widerstand verringern. Wenn zum Bau elektrischer Haushaltsgeräte und Computer mit EM-X Keramik behandelter Kunststoff verwendet wird, können nicht nur generell alle durch elektromagnetische Wellen oder von statischer Elektrizität hervorgerufene Schäden verhindert werden, sondern es ergibt sich darüber hinaus eine Energieeinsparung von 20 bis 30 Prozent. Es ist allgemein anerkannt, dass die elektromagnetischen Wellen Schäden anrichten. Schon allein dadurch, dass man das Handy-Gehäuse aus Kunststoff herstellt, der mit EM-X-Keramik angereichert ist, könnte in diesem Bereich eine grundsätzliche Lösung gefunden werden. Zusätzlich wird hier die Ladezeit von Batterien auf weniger als die Hälfte reduziert und ihre Kapazität steigt um 20 bis 30 Prozent.

Behandelt man Kunststofffolien, beispielsweise für Gewächshäuser, mit EM, wird das Pflanzenwachstum beschleunigt und außerdem der »Schädlings«-Befall verringert.

Neben dem Recyceln von Hausmüll ist das Recycling von Kunststoffen zur Aufgabe der gesamten Bevölkerung geworden, die gewissenhaft durchgeführt werden sollte. Bei Anwendung der EM-Technologie wird hierbei kein Dioxin mehr freigesetzt, und wir werden eine Ressource für vielfältig einsetzbares Rohmaterial zu niedrigen Kosten erhalten. Die Technologie hierfür wird bald einsetzbar sein.

Angefangen bei Schälchen für (kalte) Fertigmahlzeiten über Kunststoffflaschen bis hin zu allen möglichen Aufbewahrungsbehältern aus Kunststoff für Lebensmittel – das Material ist universal verwendbar. Interessanterweise gibt es eine Firma auf dem heiß umkämpften Markt für Toilettenpapier, deren Fabrikation ganz auf EM umgestellt ist und sich ganz dem Schutz der Umwelt verschrieben hat. Mit EM produzierte Oberbekleidung, Unterwäsche und Socken genießen in Japan einen guten Ruf.

Aber solche kleinen oder mittelgroßen Firmen können ihre Produkte nur in begrenztem Rahmen »in die Welt setzen«, daher hilft hier das Netzwerk »Globale Umwelt – Gemeinsam Leben« ungefähr acht Firmen, ihre Waren in über 600 Läden diverser Supermarktketten im Raum Tokio abzusetzen, womit diese Produkte für den Kunden nun viel leichter erhältlich werden.

Profit aus dem Recycling von Biomüll der Supermärkte
Seit den Auseinandersetzungen um Dioxin hat sich die Haltung des (japanischen) Staates zur Umweltproblematik völlig gewandelt. Ausdruck hierfür sind die verschärften Vorgaben des Landwirtschafts- und Fischereiministeriums für die Gesetzgebung unter dem Titel »Gesetz zur Wiederverwertung von Lebensmittelabfällen als Handelsware« (Arbeitstitel), die es dem Hotel- und Gaststättengewerbe, den Lebensmittelherstellern etc. zur Pflicht

machen, einen bestimmten Anteil des von ihnen verursachten Biomülls zu recyceln.

Die jährliche Abfallmenge von Lebensmittelresten in Japan wird auf 20 Millionen Tonnen geschätzt, davon sind etwa sechs Millionen Tonnen Reste aus Supermärkten, Hotels und der Gastronomie. Bislang wurde das meiste hiervon nicht wieder verwertet, sondern einfach weggeworfen. Die salzhaltigen Essensreste im Biomüll förderten das Entstehen von Dioxinen in den Müllverbrennungsöfen.

Daher hat die Regierung im März 1999 einen »Grundsatzplan zu Maßnahmen gegen Dioxin« verabschiedet, wodurch die Minderung der Ausstoßmenge von Dioxin mittels Abfallrecycling gefördert werden soll. Das »Gesetz zur Wiederverwertung von Nahrungsmittelabfällen« zielt in die gleiche Richtung und macht den Firmen das bislang häufig auf freiwilliger Basis durchgeführte Recycling zur Pflicht.

Wenn dieses Gesetz 2002 in Kraft tritt, werden Supermärkte, Warenhäuser, Hotels und Restaurants ihren eigenen Biomüll anfänglich zu 10 bis 20 Prozent, später zu 100 Prozent in Futter oder Kompost umwandeln müssen. Die Namen derjenigen Firmen, die dem nicht nachkommen sollten, werden veröffentlicht, zudem ist eine saftige Geldstrafe fällig. Noch bereitet es den Firmen einiges Kopfzerbrechen, da in einer ohnehin schwierigen gesamtwirtschaftlichen Situation mit diesen Maßnahmen neue finanzielle Belastungen verbunden sind. Wir hatten diese Entwicklung allerdings kommen sehen. Die U-Net Gruppe hat vor zwei Jahren im Supermarkt »Queens Isetan« im Tokioter Bezirk Chofu begonnen, allen Biomüll direkt im Laden zu recyceln. Daraus haben wir gelernt, dass das Recyceln von Biomüll ursprünglich als Belastung empfunden wurde, im Verlauf der Erfahrungen aber zu einem geschäftlichen Vorteil wurde.

Dabei spielt die von den EM-Firmen entwickelte Maschine zur Umwandlung von Biomüll in neue Rohstoffe mittels EM eine große Rolle. Diese Maschine wird an dem jeweiligen Biomüllplatz aufgestellt, um dann täglich die Gemüse- und Fischabfälle aufzunehmen. Diese Reste verlieren bereits nach 15 bis 30 Minuten ihre Form und beginnen zu fermentieren.

In diesem Zustand wird der Inhalt später herausgeholt und in einem fest verschlossenen Plastiksack etwa eine Woche gelagert, um auf diese Weise schnell zu einem prächtigen, organischen EM-Dünger zu werden. Dieser wird dann kostenlos den Bauern in der Nachbarschaft zur Verfügung gestellt, um ohne Pestizide und Kunstdünger EM-Gemüse zu züchten, das dann wiederum in den Läden zum Verkauf kommt.

Mit EM angebautes Gemüse ist von bester organischer Qualität und eine gesunde, äußerst schmackhafte Ernährung. Die Wertschätzung der Verbraucher steigt, sodass in den Läden die Kunden Schlange stehen, bis alles ausverkauft ist. Es ist außerdem billiger als die Produkte aus der konventionell betriebenen Landwirtschaft, da keine Kosten für Pestizide und Kunstdünger mehr anfallen. Und weil der Gewinn dieser Bauern immer mehr steigt, wenden sich auch andere Bauern in der Umgebung von Chofu dem Anbau mit EM zu.

Der zumeist sehr hohe Bezugspreis für biologisch angebautes Gemüse sinkt dadurch soweit, dass er unter dem Preis des »normalen« Gemüses liegt. Da man den Verkaufspreis daran orientiert, steigt der Gewinn der Händler nunmehr ebenfalls. Der Kunde freut sich, dass er ein gesundes, geschmackvolles Produkt kaufen kann, das fast den gleichen Preis hat wie das aus konventionellem Anbau.

Um bei der Kompostierung von Biomüll die Maschinen am Laufen zu halten, wurde neues Personal nötig. »Bei dieser Arbeit ist uns die Bezahlung egal,« sagen unsere silberhaarigen Freiwilligen! Solche Mitstreiter wünscht man sich, denn sie garantieren geringe Ausgaben für das Personal. Sie machen dann nur den Klacks von etwa zehn Prozent Aufschlag auf die Erzeugungskosten der ökologisch angebauten Produkte aus. Diese Alten meinen, »Biomüll-Recycling mit EM sollte zur Pflicht gemacht werden«, sodass »aus all diesem Biomüll wieder neuer Rohstoff wird«.

Angeregt durch die Aktivitäten von U-Net für das Biomüll-Recycling, beschäftigen sich das Grand Hotel in Sapporo und auch Betriebskantinen einiger Großunternehmen in der Präfektur Ibaragi mit einer systematischen Verwertung von Biomüll und zeigen zukunftsweisende Ergebnisse. Verschiedene Kompostiergeräte und Maschinen zur Volumenreduzierung von Biomüll sind auf dem Markt. Durch den Einsatz von EM können diese Maschinen noch effektiver genutzt werden.

Diese Aktivitäten entsprechen der Vereinheitlichung von bisherigen Recyclingmaßnahmen verschiedener Behörden unter der Leitung des »Förderungsrats zur Wiederverwendung organischer Rohstoffe«. Dies gilt nicht nur für Biomüll, sondern auch für organische Abfälle aus der Tierhaltung und Baustoffabfälle, z.B. Holzreste.

EM kann bei allen Anwendungsbereichen sichere und kostengünstige Lösungen anbieten und die herkömmlichen Anlagen werden effizienter genutzt.

Für diese eindrucksvollen Erfolge von U-Net diente das Beispiel von Funahomachi in der Präfektur Okayama. Der Gemeinde ist es gelungen, allen Biomüll mit Hilfe von EM zu Futter- und Düngemitteln zu verarbeiten und dabei profitabel zu wirtschaften.

Die Wirkung von EM-X kommt bei der Behandlung schwerer Krankheiten voll zur Geltung

EM hat bereits weltweite Anerkennung als Mittel für die Landwirtschaft und gegen die Umweltverschmutzung erfahren, während seine Verwendung in Industrie und Medizin und auf dem Energiesektor erst am Anfang steht. Dank der Kooperation mit anerkannten Persönlichkeiten sind auf dem medizinischen Sektor allmählich bemerkenswerte Ergebnisse erzielt worden, die in dem Buch »EM-X, die Revolution in der Medizin« publiziert worden sind. Dort wird geschildert, welche immensen Revitalisierungskräfte EM-X mobilisiert und welch vielfältige Fähigkeiten es entwickeln kann.

EM-X findet in Japan, dem übrigen Asien, Europa und Amerika Anwendung. Dadurch ist von vielen Medizinern der Wunsch an uns herangetragen worden, möglichst an einem Forschungsverbund teilhaben zu können. In Japan existiert bereits eine »Medizinische Forschungsgemeinschaft EM-X«, die ab 2001 alle zwei Jahre einen internationalen medizinischen Kongress abhalten wird. Bereits jetzt laufen Anfragen aus dem Ausland ein, ob man nicht den Kongress in dem jeweiligen Land abhalten könnte. Momentan gehen wir von Okinawa als Veranstaltungsort aus.

Hier wurde auch 1999 auf der EM-Festa der Erfahrungsbericht der jungen Amerikanerin *Rachel Morgan* präsentiert, die an einer seltenen Krankheit litt. Da dieses Zeugnis die ganze Wirksamkeit von EM-X auf medizinischem Gebiet exemplarisch aufzeigt, sei es hier noch einmal abgedruckt:

»Ich stamme aus einem kleinen amerikanischen Dorf und möchte Ihnen berichten, wie es dazu kam, dass ich mit EM in Kontakt kam. Mir macht es riesigen Spaß, im Freien herumzutollen, ich liebe alle Tiere, ganz besonders aber Pferde. Leider habe ich nicht oft Gelegenheit zu reiten, denn ich leide an einer äußerst seltenen Krankheit, deren Ursache noch unbekannt ist. Seit meiner Geburt vor dreizehn Jahren war ich oft im Krankenhaus. Ohne dass mir damals der Name der Krankheit bekannt war, musste ich Antibiotika einnehmen. Nach der 13. Operation konnte ich nicht mehr hören und bin dann zu einem Arzt in North Carolina gekommen, der viele Tests an mir ausgeführt hat. Endlich erfuhr ich den Namen meiner Krankheit: PCD. Bei PCD funktionieren die Härchen von Nase, Ohren und Lunge nicht mehr richtig. Es handelt sich um eine äußerst seltene Krankheit, deren Ursache noch unbekannt ist. Bevor ich EM-X nahm, war ich nicht in der Lage, ohne Antibiotika auszukommen. Wenn ich einmal deren Einnahme vergaß, bekam ich sofort eine Lungenentzündung oder eine Infektion der Ohren oder Nase. Im ersten Jahr der Mittelschule ging es mir so schlecht, dass ich 35 Schultage allein auf Grund meiner Krankheit fehlte, damals konnte ich nicht einmal eine Meile zu Fuß gehen. Als im August 1998 Professor Higa in unser Dorf kam, nutzte mein Großvater die Gelegenheit, ihn telefonisch wegen meiner Krankheit um Rat zu fragen. Professor Higa gab mir EM-X. Das war meine erste Begegnung mit EM-X, aber meine Mutter machte zur Bedingung, dass ich zusätzlich noch andere Medikamente einnahm. Mit Einnahmebeginn von EM-X verbesserte sich mein Zustand zusehends, sodass ich beschloss, die anderen Medikamente einfach abzusetzen, ohne meinen Eltern davon zu erzählen, denn ich hatte Angst, sie würden auf der weiteren Einnahme bestehen. Im Oktober gewann ich dann einen Preis beim Reiten. Aus Angst vor Infektionen hatte ich bis dahin beim Reiten stets einen Mundschutz getragen. Dieses Mal hatte ich ihn vergessen und bin trotzdem nicht krank geworden.

Das war der richtige Augenblick, meiner Mutter zu erzählen, dass ich die anderen Medikamente abgesetzt hatte und ich mich auch gar nicht mehr schlecht fühlte. Seitdem bin ich auch nicht mehr krank geworden. EM-X hat mir unheimlich viel Glück gebracht.

Mein Leben vor EM-X war voller Einschränkungen, in der Schule durfte ich nicht einmal am Sportunterricht teilnehmen, zu Hause sollte ich nicht mit meinen Geschwistern draußen herumtollen. Manchmal war ich so kraftlos, dass ich mich nicht einmal im Bett aufrichten konnte. Aber ich wollte doch noch so viel erleben! Manchmal konnte ich Ski fahren, aber dann konnte ich am nächsten Tag nicht mehr reiten.

Mit EM-X kann ich jetzt tun, was ich will, und bin wieder ganz hoffnungsvoll für meine Zukunft. Ich möchte Pferdeärztin werden, ganz sicher werde ich einmal groß und stark. Das alles verdanke ich EM-X. Ich bedanke mich vom ganzen Herzen bei Professor Higa, der mir mit EM-X eine Zukunft gegeben hat.«

Lösung für Krankheiten durch Wohngifte (das »Sick-House-Syndrom«)

Das oben erwähnte Mädchen züchtet auch Schweine. Auf der Versammlung der FFA (Jugendbewegung für die Landwirtschaft der Zukunft) wurden 1999 ihre Tiere am höchsten prämiert; die Tiere ihres jüngeren Bruders errangen den zweiten Preis. Rachel ist heute als Junior Spokesman für EM aktiv.

Bei einem von der Gruppe »Nature America« im Bundesstaat Arizona abgehaltenen Hearing zur Heilung von Diabetes und Bluthochdruck wurden die hervorragenden Erfolge bei der gleichzeitigen Einnahme von EM-X und EM-X-Keramik hervorgehoben. In Kalifornien werden groß angelegte Behandlungen von Prostatakrebs durch EM-X durchgeführt, wobei Forderungen nach einem frühestmöglichen Einsatz dieser Heilmethode laut werden.

Auch ältere Menschen trinken EM-X. Berichte von vielen Ärzten, die eine große Zahl von Kranken untersucht haben, bestätigen, dass EM-X bei Wohlstandskrankheiten wie hohem Blutdruck, Herz- und Lebererkrankungen, Diabetes etc., aber auch bei schweren Krankheiten wie Krebs, Aids, Kollagenkrankheiten und Infektionen erfolgreich angewendet werden kann. Es gibt eine Insel, auf der durch EM-X keine bettlägerigen Alten mehr sind. EM-X soll auch gegen Gedächtnisschwund im hohen Alter gewirkt haben.

Setzt man die EM-Technologie gegen das »Sick-House-Syndrom« (Krankheiten ausgelöst durch Umweltgifte in Bau- und Wohnmaterialien) ein, sind ausgezeichnete Erfolge zu erzielen; gleiches gilt für Atopie, Pollenallergien und Überempfindlichkeit gegenüber chemischen Stoffen.

Frau H. aus Osaka litt daran so stark , dass sie sich gezwungen sah, sich von ihrer Familie zu trennen und in einem alten Haus in den Bergen der Provinz Gifu Zuflucht zu suchen. Dort hoffte sie ohne Kontakt mit jedweden chemischen Substanzen leben können.

Selbst auf die Abgase ihres Ölofens, das Gemüse aus mit Pestizid belasteten Böden und Ähnliches reagierte sie hypersensibel. Entsprechend misstrauisch wurde sie von ihrer Umgebung angesehen, man hielt sie für etwas seltsam. Ihre Übersensibilität verschärfte sich noch in der Zeit, in der sie ohne Heizung in diesem kalten, heruntergekommenen Haus in den Bergen wohnte.

Ihr wurde klar, dass irgendetwas passieren müsste. Während sie nach einer Lösung suchte, begegnete sie EM. Frau H., die schon bei kleinster Berührung mit allen möglichen Stoffen reagierte, konnte ohne weiteres EM-Flaschen anfassen! Ja, sie empfand diesen Kontakt sogar als angenehm. Sie fühlte sich davon so sehr angespornt, dass sie danach alles, was ich geschrieben habe, angefangen mit der Zeitschrift »Eco Pure« durcharbeitete und in ihrer großer Begeisterung für EM Kontakt zu vielen Menschen suchte.

Frau H. ist von EM so angetan, dass sie nur noch mit EM gezogenes Gemüse und Reis isst, EM und EM-X trinkt und ihr Wohnzimmer, Bad, Toilette und das Wasser mit EM behandelt. Früher als erwartet ist ihre Überempfindlichkeit gegenüber chemischen Stoffen, die sie über viel Jahre plagte, verschwunden, und sie hat beste Aussichten auf eine endgültige Heilung. Das war der Inhalt des Briefes, den sie mir geschickt hat.

Auswirkungen auf Sozialeinrichtungen und Arbeitsplätze bei der Einführung von EM
Die im November jeden Jahres auf Okinawa durchgeführte Festa ist stets ein großer Erfolg. 1999 war die 2200 Zuschauer fassende Versammlungshalle völlig überfüllt, während der zwei Tage kamen über 10 000 Besucher. Dieses Fest dient als Forum, auf dem Menschen aus allen Ländern über ihre Erfahrungen mit EM Auskunft geben und selbst neue erhalten.

Das vorrangige Ziel der EM-Bewegung in Japan ist die allgemeine Wohlfahrt. Als Beispiel hierfür möchte von einem Ausbilder einer Wohlfahrtseinrichtung in der Präfektur Miyagi berichten, wie er EM kennen lernte, wie er es einsetzte und seine EM-Aktionen sukzessiv erweiterte.

»Meine erste Begegnung mit EM fand statt, als die Müllverbrennungsanlage der Stadt nicht mehr vergrößert werden konnte und der Abfall der Einrichtung dann über weite Strecken abtransportiert werden musste. Das war für mich der Anlass, unseren Biomüll selbst zu kompostieren.

Das hieß jedoch, wir mussten mit einer riesigen Menge von Biomüll fertig werden, ohne dass Gestank und Fliegen aufkamen. Gerade als wir mit dieser schwierigen Aufgabe beginnen wollten, hörten wir zufällig von EM.

Mehr als dass es existiert, konnte man bei uns in der Stadt nicht in Erfahrung bringen, selbst die Apotheker kannten es nicht. Dann erfuhren wir von einem Vortrag in Tendo in der Präfektur Yamagata. Das hieß zwar viereinhalb Stunden Autofahrt, aber trotzdem fuhren wir gleich los.

Etwa um diese Zeit erschienen auch Veröffentlichungen über Bokashi und seine Anwendung. Wir wandten uns daraufhin an Bauern, die uns über ihre Erfahrungen berichteten. Ein Vortrag von Professor Higa versetzte uns in großes Erstaunen und so beschlossen wir, es mit EM zu versuchen.

Als wir dann einsteigen wollten, fehlte uns jegliches Material, denn Professor Higas Bücher waren in keiner Buchhandlung der Stadt aufzutreiben. Zum Glück kannten wir den Namen des Verlags; ein Anruf, und bald hatten wir das Gesuchte. Die speziellen Kücheneimer bezogen wir aus der Präfektur Akita. So konnten wir dann nach Anleitung des Buches mit der Herstellung von Bokashi beginnen.

Das Bokashi wurde dann auch irgendwie fertig, aber da wir keine Vergleichsmöglichkeiten hatten, konnten wir nur Vermutungen über seine Wirkung anstellen. Mit der Bokashi-Behandlung des Biomülls war der Geruch bald verschwunden. Wir empfanden alles als sehr einfach. Mit zunehmender Erfahrung im Umgang mit Bokashi verfeinerten sich unsere Methoden.

1995 wurde in Okinawa eine nationale Konferenz für Einrichtungen wie unsere veranstaltet. Da es klar war, dass die gleiche Konferenz zwei Jahre später in unserer Präfektur Miyagi abgehalten werden sollte, gingen wir nach Okinawa. Unhöflich, wie wir nun einmal sind, erlaubten wir uns, Herrn Higa abends anzurufen. Leider hatte er für den folgenden Tag bereits wichtige Termine vereinbart, sodass er keine Zeit fand, uns zu sehen. Er nannte mir jedoch die Adresse der EMRO. Ich schwänzte den dritten Tag der Versammlung und fuhr dorthin, wobei ich auch tatsächlich einiges gelernt habe.

Da wurde uns klar, dass wir in wichtigen Punkten doch etwas falsch gemacht hatten. Als wir zur Bibliothek nach Gushikawa fuhren und uns das Klärbecken anschauten, verstanden wir, was bei uns an der wichtigen Feinabstimmung nicht richtig gelaufen war. Mit diesen neuen Erkenntnissen fuhren wir nach Hause zurück und erzielten mit den neuen Verfahren gute Ergebnisse. Ein örtlicher Frauenverein, der ebenfalls von EM erfahren hatte, hörte durch einen Abteilungsleiter der Gemeindeverwaltung, dass unsere Einrichtung sich mit EM befasst, und besuchte uns. Mit den Mitgliedern des Frauenvereins legten wir fest, den Biomüll gemeinsam zu behandeln und von nun an gemeinsam Bokashi herzustellen. Einige andere Frauengruppen, die von unseren Aktivitäten hörten, stießen zu uns. Indem wir gemeinsam Bokashi herstellten und dies auf Äcker ausbrachten, verbreitete sich der Name EM in der Stadt immer weiter.

Interessanterweise wuchsen auf den mit EM behandelten Stellen nun Sonnenblumen, Pflanzen, von denen man in unserer Gegend zuvor selten etwas gesehen hatte. Das setzte alle in höchstes Erstaunen und weckte sogar das Interesse des Elternvereins des örtlichen Kindergartens an EM.

Wie sich nun EM Schritt für Schritt verbreitete, füllten wir EM-Bokashi in kleine Beutel und gingen in Parks und Gärten, um den Passanten die Anwendung von EM verständlich zu demonstrieren. Anfänglich gaben wir die Beutel kostenlos ab, aber, entschuldigen Sie bitte, dann mussten wir doch 100 Yen pro Beutel nehmen.

Wir wollten von Anfang an, dass die Kinder aus unserer Bokashi-Herstellungseinrichtung beim Außer-Haus-Verkauf dabei sein sollten. Wir betreuen etwa 50 behinderte Kinder, von denen zehn nicht einmal sprechen können. Erst waren es nur drei oder vier, aber da wir recht bald merkten, wie ihnen das ganze Spaß machte, erhöhten wir die Zahl der Kinder auf zehn. Ihr Eifer und Pflichtgefühl wurde nicht nur durch die Arbeit an sich, sondern auch durch das geringe Honorar, das ihnen zustand, immens angespornt.

Dies ist ein ganz wichtiger Punkt, den wir als Lehre für die zukünftige Arbeit mit EM beherzigen sollten: Aus ihrer Arbeit mit EM Bokashi können diese behinderten Kinder eine Verbindung mit der Gesellschaft herstellen. In diesem Sinne ist der Verkauf eines Beutels für 100 Yen eine richtige ›Antwort‹.

Daneben suchten wir nach weiteren Anwendungsgebieten. Wir begannen, EM in Befeuchtungsanlagen einzusetzen. Da Kindern mit körperlichen Defekten oft ein kleines Malheur passiert, geht von ihren Körpern ein unangenehmer Geruch aus, der sich im ganzen Gebäude verteilt, was immer Probleme bereitet. Jetzt war dieser Geruch nach einer Woche verschwunden.

Wir baten die Küchenangestellten, das Wasser, mit dem der Reis gewaschen wurde, nicht wegzuschütten, sondern mit EM zu behandeln. Bei der Reinigung der Kücheneinrichtungen stellte man fest, dass nun die Bürste genügte, wo früher Reinigungsmittel notwendig waren. Einer verwendete es zu Hause auch als Badewasserzusatz und berichtete, dass er zum Schlafen keine elektrische Heizdecke mehr brauchte.

Dann setzten wir es im Bad der Anstalt ein, das als Umwälzbad konzipiert und täglich 24 Stunden in Betrieb ist. Nachdem wir dort unser EM-Reiswasser zugesetzt hatten, zeigte eine kurz danach durchgeführte Untersuchung das Verschwinden der Legionella-Keime, und dass die Zahl der Kolibakterien kleiner war als die in Trinkwasser. Danach konnte der Wasseraustausch ein Jahr lang ruhen.

Um das Nutzungsspektrum von EM noch weiter zu vergrößern, wollten wir auch unsere Kläranlage in Angriff nehmen und baten den Betreiber um Unterstützung. Dieser aber lehnte, vielleicht aus falschem Stolz, mit dem Argument ab, es könne nicht funktionieren.

Wir kündigten dann den Vertrag mit diesem Betreiber und versuchten, mit einem anderen Kläranlagenbetreiber ins Geschäft zu kommen. Anfänglich war auch dieser ablehnend und versuchte, mit einer eigenen Methode zu recyceln, was aber scheiterte. Erst dann verwendete er EM. Damals gab es noch keine Methode, EM zu vermehren (Herstellung von EM-A – *der Hrsg.*), sodass uns die Anwendung wie die Verabreichung teurer Medizin vorkam.

Wir lernten von anderen EM-Nutzern und stellten selber Vermehrungsbehälter her. Nach deren Fertigstellung lief das Recycling der Kläranlage gut. Die eher zufällige Begegnung mit EM bei unseren Problemen der Biomüllbeseitigung erwies sich auch hier letztendlich als ungeheurer Glücksfall.

Im ganzen Land gibt es bereits über 500 Wohlfahrts- und Produktionseinrichtungen, die EM eingeführt haben. Von dort aus findet ein intensiver Austausch mit den jeweiligen Bewohnern im Alltag statt. EM-Bokashi hat sich in vielen Fällen zu einer lukrativen Einnahmequelle entwickelt und ist bei der lokalen Biomüllverwertung und für die Umweltschutzbewegung unersetzlich geworden.

Agrarwirtschaft ohne Einsatz von Chemie ist für jedes Land sofort möglich

Das Kürzel EM hat bereits Eingang in das Lexikon »Basiswissen moderner Umgangssprache« gefunden und ist nun allgemein geläufig. Wie bereits erwähnt, würde ich nicht auf der Bezeichnung Effektive Mikroorganismen beharren, wenn bessere effektive Mikroorganismen gefunden würden.

Ich möchte, dass jeder Leser weiß, dass mit Hilfe der Mikroorganismen die Möglichkeit gegeben ist, alle die Menschheit bedrängenden Fragen zu lösen. EM ist hierfür sozusagen ein Vorbote. Wie bereits oftmals erwähnt: Wenn jeder einzelne zu Hause und an seinem Arbeitsplatz EM anwendet und somit das Wissen über effektive Mikroorganismen immer intensiver wird, werden wir auf ein höheres Niveau der Mikrobiologie gelangen.

Betrachtet man es vom derzeitigen technischen Gesichtspunkt aus, so wird der Abstand in der Biotechnologie zwischen Japan und Amerika immer größer. Das ist, so scheint es mir, unumkehrbar. Jedoch sollte es mit den ersten Schritten zur Anwendung von EM möglich sein, auch ohne ein aufgeblähtes Budget wie in Amerika die Probleme der Landwirtschaft, Umwelt und medizinischen Versorgung zu lösen.

Es gibt Menschen, die keine raschen Veränderungen der Dinge mögen, von daher bringen sie dem revolutionären Charakter von EM eine gehörige Portion Zweifel entgegen. Weil EM so kostengünstig ist, werden durch

seine Verbreitung Medikamente, Pestizide und Kunstdünger und in der Tierzucht die Antibiotika überflüssig. Könnte es dann sein, dass Firmen pleite
gehen und dadurch die Erholung der Wirtschaft auch noch etwas später einsetzt? Diese Angst treibt viele Menschen um, aber solches Denken fördert
das Weiterleben althergebrachter, unzeitgemäßer Rechte und verzögert, ja
verhindert nur den Fortgang der Revolution mit EM.

Ich habe die konkrete Vorstellung, dass Japan mit der Anwendung der
EM-Technologie recht bald ein Land völlig ohne Pestizide werden kann.
Wir sind bereits dabei, die Versorgung mit EM-Materialien und das Vertei-
lungssystem aufzubauen und werden vielleicht bereits in einigen Monaten
so weit sein. Entsprechende Erfahrung haben wir bereits in Nordkorea,
Pakistan, Myanmar, Vietnam und anderen Ländern gesammelt.

1999 wurden in Japan die Landwirtschaftsgesetze im Hinblick auf
Fütterung, Betriebswesen und den ländlichen Raum umfassend novelliert.
Dabei wird die Sicherstellung einer stabilen Versorgung und die Entwicklung der vielfältigen Funktionen der Landwirtschaft und des ländlichen
Raumes betont. Eine Landwirtschaft, die wie bisher auf chemischen
Dünger, Pestizide und einen großen Maschinenpark setzt und durch Ener-
gieverschwendung weitere Giftstoffe freisetzt und so die Umwelt zerstört,
wird es nach den neuen Gesetzen schwer haben. Insbesondere kann sie
weder die als Verbraucherschutz gedachten Bestimmungen der Lebensmit-
telgesetzgebung noch die Forderungen nach Erhaltung einer natürlichen
Umwelt, noch die Regulierungen für die Beziehungen von Stadt und Land
erfüllen.

Ich habe bereits in Kapitel 2 ausführlich dargestellt, wie sonnenklar es
doch ist, dass nur mit der EM-Technologie diese Gesetze erfüllt werden
können, ja, EM geradezu eine Notwendigkeit sein wird.

Das größte Verdienst einer EM-Technologie liegt in der Gewährleistung
eines »pestizidfreien Staates«, sowie in einer gesicherten Entfaltung landwirtschaftlicher Produktionstätigkeit, in niedrigen Kosten, reichen Erträgen
von Produkten hoher Qualität, in der Realisierung einer Gesellschaft des
Ressourcenrecyclings, in der Bewahrung einer natürlichen Umwelt und der
Bereicherung des Ökosystems und der Revitalisierung der Fischgründe.

Diese positive Entwicklung liegt auch darin begründet, dass die Kosten
des Gesundheitssystems, das zu einer großen Belastung für den Staatshaushalt geworden ist, beschnitten werden sollten. Mit der kombinierten
Anwendung bereits realisierter Erfahrungen mit EM wäre nur ein Viertel
der heute getätigten Ausgaben für die medizinische Versorgung nötig.

Dass die Landwirtschaft eines Staates chemiefrei ist, bedeutet von einem anderen Gesichtspunkt aus gesehen, dass man durch das Importverbot für chemische oder gentechnisch behandelte Erzeugnisse aus dem Ausland die eigene Landwirtschaft förden kann. Solange man selbst Kunstdünger und Pestizide einsetzt, wird man der Flut des Freihandels nicht entgehen können. Japan als Land, in dem internationaler Einfluss so stark ist, sollte sich EM auf die Fahne schreiben, um damit seinen positiven Beitrag zur Veränderung der Welt zu leisten.

Von der Konkurrenzgesellschaft zu einer Koexistenzgesellschaft
Durch die Entwicklung und Verbreitung von EM habe ich gelernt: Wenn ich die Vielfalt der Dinge anerkenne und konstruktiv auf ihre Revitalisierung hin arbeite, ist eine wünschenswerte, zukünftige Gesellschaftsform allgemeiner Prosperität möglich. Ich habe auch die Gelegenheit gehabt darüber nachzudenken: Wozu lebt denn der Mensch auf dieser Erde? Die Menschheit hat von Anfang an bis heute gewaltige Fortschritte gemacht, aber Bevölkerungswachstum, technologischer Fortschritt und ökonomische Entwicklung bewirken eine Zerstörung der Natur und Umwelt, die einen für die Zukunft des Menschen pessimistisch werden lässt.

Es gibt die Vorstellung, dass diese Realität das vom Menschen in der Vergangenheit aufgehäufte Karma ist. Das Problem zu lösen, ist die Aufgabe der Menschen unseres Zeitalters. Die Vorstellung entstammt dem Gedanken der Wiedergeburt. Sie bedeutet, dass man wiedergeboren wird, um dieses Leben auf der Basis der Wahrheit zu führen, weil man in seiner vorigen Existenz kein erfülltes Leben führen konnte.

Das berühmte Beispiel hierfür ist das tibetische System des *Dalai Lama*. Die Wiedergeburt-Therapie, die als Heilmethode bei psychologischen und körperlichen Krankheiten Anwendung findet, hat eine statistische und naturwissenschaftliche Begründung.

Wenn man die Rede darauf bringt, heißt es meistens: »Das kann ja gut möglich sein.« Wie in den bereits geschilderten Fällen der an PCD leidenden jungen Amerikanerin, der an einer Übersensibilität gegenüber chemischen Stoffen erkrankten Frau oder einer anderen, die unter Heuschnupfen und Hautausschlag litt, lagen die Gründe außerhalb der eigenen Verantwortung und hatten nichts mit persönlichen Anstrengungen zu tun. Die Menschheitsgeschichte zeigt eben auch, dass Eigenverantwortung und Anstrengungen des Einzelnen nichts ausrichten können. Wieso konnte es so weit kommen?

Konfrontation und Konkurrenz entstehen zum einen aus Mangel und zum anderen aus Neid. Das ist nicht nur bei Dingen so, sondern auch bei den gesellschaftlichen Positionen, als ob die Seite der Gewinner immer Gerechtigkeit und Wahrheit gepachtet hätte. Die Argumentation, »dass sie in einer früheren Existenz Tyrannen waren, die viele Menschen gequält haben und sie nun, um das wieder gut zu machen, an Krankheiten unbekannter Ursache leiden und sie das akzeptieren müssen, wodurch ihre Vorexistenz aufgewogen wird,« ist beim Konkurrenzprinzip nicht einzusehen. Wenn aber die Dinge, die durch frühere Taten in der Menschheitsgeschichte verursacht wurden, allmählich verschwinden würden, könnte diese Argumentation eventuell eingesehen werden. In der Realität herrscht aber eine Struktur, die viele Menschen unglücklich macht. Kriege, Territorialstreitigkeiten, Diktaturen, Umweltverschmutzung, schädliche Nahrungsmittel, iatrogene (durch ärztliche Einwirkung entstandene) Krankheiten – die Wurzel aller heutigen Übel liegt in einem überzogenen Konkurrenzprinzip.

Auf der Grundlage dieser Struktur ist es nicht einfach, ein wahrhaftiges Leben zu führen. Die globale Bevölkerungsexplosion sei der Ausdruck dafür, dass so viele Menschen in ihrem früheren Leben nicht zurechtgekommen wären und in Unzufriedenheit in diese Welt wiedergeboren würden – solche Erklärungsschemata haben eine eigenartige Kraft zu überzeugen, aber sie bieten keine Lösung an, außer den Untergang der Menschheit abzuwarten. Wie kann man mit der Überzeugung leben, das wahrhaftige Leben zu suchen, ohne wieder auf die Welt zu kommen und damit seinen Beitrag zum Problem der zunehmenden Weltbevölkerung zu leisten?

Wie soll man eine Welt aufbauen, in der jeder ohne solchen kausalen Zusammenhang sein eigenes, erfülltes und wahrhaftiges Leben führen kann? Unter einem anderen Aspekt, nämlich dem der Syntropie, sieht es so aus, als seien alle Mittel für eine solche Welt bereits im Entstehen.

Keine Konkurrenz in den wichtigsten Bereichen des Lebens
Mit der EM-Technologie im Zentrum zeichnet sich immer deutlicher eine fundamentale Lösung aller Probleme im Bereich der Nahrungsmittelversorgung, der Umwelt, der medizinischen Versorgung und Gesundheit, vor allem aber der Energieressourcen ab. Konkrete Beispiele habe ich bereits ausgeführt. Diese vier Bereiche gelten genauso wie Luft, Wasser und Boden als fundamentale Lebensrechte, die aus der Welt der Konkurrenz herausgehalten werden müssen. Auf dieser Voraussetzung kann der Rahmen für einen gesunden Wettbewerb abgesteckt werden, wobei die Menschen, die in

ihm scheitern oder sich ihm nicht stellen wollen, ohne Sorgen um ihre Existenz aus dem Wettbewerb aussteigen können. Ließe man allem freien Lauf, wäre eine grundsätzliche Lösung nicht möglich.

Vom historischen Blickwinkel aus gesehen, stehen Freiheit und Gleichberechtigung antagonistisch zueinander, denn die Wirtschaft hat die Freiheit, die Politik die Gleichberechtigung – streng genommen das allgemeine Wahlrecht – als Legitimationsbasis. Schwache können sich dadurch zusammenschließen, um Starken Einhalt zu gebieten, aber sie könnten sich auch das Recht anmaßen, neue Technologien und Denkweisen, die herkömmlichem Verständnis und traditioneller Denkweise entgegenstehen, zu unterdrücken.

Es hat fast zwanzig Jahre geduldiger, ausdauernder Zähigkeit bedurft, bis wir bei EM Licht am Ende des Tunnels sahen und es seinen gebührenden Platz einnehmen konnte. Aber ich habe nicht das Gefühl, dass der Kampf dank der Demokratie erfolgreich abgeschlossen werden konnte. Wenn ich es mir recht überlege, ist dies die strukturelle Folge des zügellosen Konkurrenzprinzips; also nicht die Folge der Demokratie selbst, sondern die Folge ihrer unreifen Entwicklung.

Sich einem nutzlosen Wettbewerb zu entziehen und so eine neue Wahl zu treffen, bedeutet nicht notwendigerweise, man habe nur eine Chance im Leben. Ist der Lebensunterhalt gesichert, kann man sich des lebenslangen Glücks eines in der Freiwilligenbewegung engagierten Menschen erfreuen; denn wenn man am Ende des Lebens steht und den selbst gewählten Maßstab an sich anlegt, dann zählen weder Geld noch gesellschaftlicher Rang. Man wird glücklich feststellen, dass man sich wirklich für die anderen und die Gesellschaft einsetzen konnte. Das bedeutet doch, dass man ein wahrhaftiges Leben geführt hat, ohne zur Belastung der Welt beigetragen zu haben.

Mit der IT-(Information Technology)-Revolution globalisieren sich die Weltwirtschaft und die Informationssysteme. Mit der Entwicklung der Verkehrsmittel wie dem Flugzeug ist unsere Welt zu einer kleinen »Realzeitwelt« geschrumpft. Die Kosten einer echten Demokratie steigen, denn wir haben es jetzt um so nötiger, an korrekte Information zu kommen, aber wenn uns alle Informationskanäle offen stehen, werden die Lügenstrategien bald verschwinden und das geistige Niveau des Volkes steigen. Eine konsequente Durchführung der IT-Revolution wird das Funktionieren der Demokratie noch weiter fördern, mit der Folge, dass sich die Selbstverantwortlichkeit des Einzelnen noch stärker durchsetzen wird.

Wo heute noch ein Unternehmer bei Konflikten sagt: »In meiner Firma bestimme ich, was und wie etwas hergestellt wird und was auf den Tisch kommt«, wird es morgen ganz anders aussehen. Was heute noch zur Verantwortung einer Firma gehört, muss gesellschaftliche Verantwortung implizieren, das setzen wir bei den betreffenden Personen einfach voraus. Bei internen Streitigkeiten, oder wenn etwa die Pflicht vernachlässigt wird, ein Produkt billiger herzustellen zu können, müssen die Betreffenden zur Rechenschaft gezogen werden. Heute gilt es als Ausdruck besonderer Klugheit, wenn ein Produkt, das durch Fleiß und Arbeit seiner Produzenten für 10 Yen dem Verbraucher angeboten werden könnte, zu 100 Yen verkauft wird. Gerade hier wird viel betrogen und besonders bekannte Unternehmen tun sich da hervor. Aber solch ein strategisches Denken wird nicht mehr geschätzt werden und durch den Wettbewerb aus der IT-Revolution mit der Zeit ausgemerzt.

Mit Kreativität in die nahe Zukunft eintreten
Wie wird die Gesellschaft der Zukunft aussehen? Wir befinden uns zur Zeit in einer Phase des Übergangs, vieles ist diffus, noch nicht absehbar, aber nach meiner Überzeugung wird es auf eine »Gesellschaft der Koexistenz und des gemeinsamen Wohlergehens« hinauslaufen. Wie sieht der Weg dahin aus? Letztendlich müssen wir uns zu Menschen mit großem Verständnis für Kreativität weiterbilden, was mich meine Tätigkeit in der EM-Forschung vor allem gelehrt hat.

Die geistigen Wurzeln des Menschen der Frühzeit lagen in der Landwirtschaft. Was bedeutete das? Das hieß, in Übereinstimmung mit der Natur den Segen der Natur zu empfangen und im Bewusstsein zu leben, dass man nicht gegen die Natur handeln kann. Bei Trockenheit flehte man die Götter an, sie mögen doch Regen fallen lassen, andernfalls war der Hungertod unvermeidlich. Es blieb dann keine andere Wahl, als sich dem Schicksal zu ergeben. Man akzeptierte die Natur und folgte ihr. Ich würde es agrarorientiertes Bewusstsein nennen.

Mit dem technologischen Fortschritt wurde die menschliche Arbeit unter die Prämisse »wir lassen keinen Hungertod mehr zu« gesetzt, in deren Folge der Mensch die Vorstellung entwickelte, die Natur kontrollieren zu wollen. Damit begann das Zeitalter des industrieorientierten Denkens.

In der Phase des industriellen Bewusstseins schuf der Mensch Maschinen und Werkzeuge, die ihm das Leben einfacher und angenehmer machten. Mit dem weiteren Fortschritt der Wissenschaft meinte er, die Natur verstehen zu können, und entwickelte den Gedanken, die Natur zu unterwerfen. Mit der atemberaubenden Entwicklung der Produktionskräfte während des Zeitalters des industriellen Bewusstseins hatte die Gesellschaftsform der großen Verschwendung ihre fatale Geburtsstunde, deren Folge große Mengen an Abfällen und Umweltverschmutzung und -zerstörung waren, womit wir in die Situation »Unserer gestohlenen Zukunft« gelangt sind.

Nun tauchen wir in das Zeitalter der informationsorientierten Gesellschaft ein, bei dem gesellschaftliche Gruppierungen und Individuen riesige Informationsmengen anhäufen. Die Geschwindigkeit, mit der das passiert, ist phänomenal. Was früher nicht in hundert Jahren zu bewerkstelligen war, kann heute in einem Tag geleistet werden, und das hat wiederum beträchtliche Veränderungen zur Folge.

Das Zeitalter des industrieorientierten Denkens war die Epoche des Experimentierens. In dem informationsorientierten Zeitalter wird alles dreidimensional simuliert, sodass die Entscheidung, ob etwas »möglich« oder »nicht möglich« ist, schon unmittelbar vorher getroffen werden kann. Man kann sagen, die Revolution in der Informationstechnologie ist das Wunschkind des informationsorientierten Menschheitsbewusstseins. Bislang noch bestehende Verschwendung wird wegrationalisiert, das Zeitalter der »globalen Maßstäbe« bricht über die Welt herein.

Wie wird die Welt von morgen aussehen? Ich meine, wir werden in die Zeit des »schöpferischen Bewusstseins« eintreten. Es wird in die Kanäle der traditonellen Gattungen wie Kunst, Religion und Philosophie dringen und sie so verändern, dass sie wahrscheinlich mit den heutigen verhärteten Ausprägungen nichts mehr gemein haben.

Diese Gedankengebäude nahmen vor einigen tausend Jahren ihren Anfang, aber sie haben die Tradition überbewertet und stellten sich in so vielen Fällen dem Fortschritt in den Weg. Insbesondere der Dogmatismus ist ein alles überwucherndes Unkraut, ein Herrschaftsinstrument, das in den Künsten, der Religion und Philosophie dominiert. Dies gilt auch in der wissenschaftlichen Welt. Gerade das heutige Japan bringt Menschen hervor, die zwar gerne in der Schule lernen, aber nicht gerne Verantwortung tragen. Ganz besonders deutlich wird das an dem Übel des Aufnahmewettbewerbs, wo die Prüflinge die Worte von anderen Menschen memorieren müssen, um sie als eine theoretische Waffe zum Besiegen des Konkurrenten zu nutzen. Nichts wird dabei selbst produziert, alles ist allen längst bekannt, verantwortungslos wird Geistiges geborgt. Die dem Land durch die Konzentration auf das »Punkte sammeln« entstandenen Schäden sind beträchtlich und steigen noch immer an.

Um aus dieser gefährlichen Situation herauszukommen, sind eine vollständig freie Informationspolitik, Anerkennung von innerer Freiheit und Vielfalt sowie eine schonungslose Ablehnung des irrationalen kausalen Zusammenhangs aus der Vergangenheit von Nöten. Natürlich müssen auch Dinge, die in sich widersprüchlich sind, abgelehnt werden. Hierzu gehören Techniken, die Rohstoffe vergeuden und Verschmutzung verursachen, sowie Systeme oder soziale Formen, die unter großem Aufwand schlechten Einfluss auf die Menschen ausüben.

Bislang wurden Technologien entwickelt, um unsere Lebensführung zu erschwinglichen Preisen angenehm zu gestalten. Viel wurde darüber nachgedacht, wie Erdöl und Steinkohle als Primärrohstoffe nützlich angewendet werden können. Aber wir haben mit den daraus resultierenden tief greifenden Umweltproblemen nichts als Entropie hervorgerufen. Das ist das größte Beispiel für einen Widerspruch in sich.

Um uns aus dieser verfahrenen Situation zu befreien, brauchen wir eine Technik ohne Verschmutzung und ein eben solches Rohstoffrecycling, gerade so wie es die Natur uns vormacht, die aber selbstverständlich an die menschliche Geschwindigkeit und unsere gesellschaftliche Struktur angepasst werden muss.

Reflektiert man unter diesem Gesichtspunkt die derzeitige Technologie und unser Gesellschaftssystem, Kunst, Religion, Philosophie etc., so merkt man, dass wir erst den halben Weg geschafft haben. Der Ursprung der Schöpfung ist die eigentliche Kraft zur Lösung eines jeden Widerspruchs, ist die Wahrheit und das, was uns unendliches Wachstum verspricht. Er weist uns die Richtung, die der Entropie entgegengesetzt ist, aber der Syntropie entspricht.

Alles führt zu Wiederbelebung, Syntropie öffnet die Welt

Als Agrarwissenschaftler hatte ich bereits vor zwanzig Jahren in meinem Innersten gespürt, dass die Agrartechnik von Grund auf reformiert werden müsste. Das waren damals noch die goldenen Jahre der Pestizide und des Kunstdüngers. Zwar wurden ihre Nachteile allmählich sichtbar, aber sie galten als notwendiges Übel für die Lebensmittelproduktion. Doch auch ein notwendiges Übel ist und bleibt letztendlich ein Übel. Man hoffte, dass es sich irgendwie schon regeln ließe. Es wäre den damaligen Forschern als Niederlage erschienen, hätten sie auf Pestizide verzichten und wie früher zu einer ökologischen Landwirtschaft zurückkehren müssen. Ich beschloss, mir das Ziel zu setzen, von einer modernen Landwirtschaft mit all den gefährlichen Mitteln wegzukommen und eine Agrartechnik mit niedrigen Kosten, hohen Ernteerträgen und Produkten bester Qualität zu entwickeln, die obendrein noch ein Segen für die Umwelt ist.

Anfänglich sammelten wir alle verfügbaren Informationen und Kenntnisse über die entsprechenden Spitzentechnologien, da uns dieser Weg als vielversprechend erschien. Strenggenommen lebten wir nur von geborgtem Gedankengut, rückblickend betrachtet mangelte es uns an schöpferischem Geist. Alles was bis dato an Technologie zur Verfügung stand, konnte die von uns gestellten Bedingungen nicht erfüllen. Es musste ein eigener Weg mit eigenen Methoden beschritten werden.

Ich kam zu der Einsicht, es würde nicht schaden, wenn ich etwa zehn Jahre lang keine wissenschaftliche Arbeit produzierte. Stattdessen wollte ich, als völliger Laie auf dem Gebiet der Mikroorganismen, in Forschung und Anwendung tätig werden. Meine wissenschaftlichen Lehrer, die sich von mir für die Zukunft einiges erhofft hatten, glaubten, das sei mein Ende als Wissenschaftler.

In der darauf folgenden Zeit war ich ausschließlich mit EM beschäftigt und machte höchst erstaunliche Erfahrungen, die allen Theorien und Erfahrungen zuwiderliefen. Dieses phänomenale EM bot sich nicht nur für die Landwirtschaft an, sondern sollte auch in der Industrie, Medizin, bei der Energienutzung, in Umwelt und am Bau ein äußerst breites Einsatzgebiet finden. Ich verstand, dass hinter allem ein einziger gemeinsamer Nenner stehen musste.

Diese gemeinsame Regel habe ich bereits beschrieben: die Gegenwelt zu der »auf eine Zerstörung hinaus laufenden Entropie« in Form der »revitalisierenden Syntropie«.

Dieser Begriff ist bewusst als Gegenbegriff zur Entropie geprägt worden. Er sollte als erklärender Begriff für die Tendenz zur Wiederbelebung dienen. Ich schlug dieses Wort erstmals auf einem internationalen Kongress in Afrika vor. Es setzt sich aus der Vorsilbe »syn« aus dem Wort Synthese und den beiden Endsilben »tropie« aus dem Wort Entropie zusammen, und bezeichnet den Ausgangspunkt der Wiederbelebung. Die pflanzliche Photosynthese bedeutet Photo (Licht) und Synthesis (Zusammensetzen) und zeigt sich im Wesen der Syntropie verwandt.

Nach dem Gesetz der Entropie bleibt nach jeder Verwendung von Energien oder Substanzen ein nicht rückgewinnbarer Anteil an Verschmutzungen in Luft, Boden, Wasser und in der Ozonschicht in Form globaler Erwärmung zurück. Die moderne Wissenschaft und Technik sorgt ausnahmslos für ein Anwachsen der Entropie, da sie ihrem Wesen nach auf einen Ausstoß von Emissionen und Verschmutzungen angelegt ist. Danach wäre die Menschheit zum Untergang verdammt, egal wie viel Anstrengungen sie auch unternimmt, der Vernichtung durch die nicht rückgängig zu machenden Verschmutzungen zu entgehen.

Syntropie ist der Gegenbegriff zu Entropie; er beschreibt, wie Verunreinigungen unschädlich gemacht und in wieder verwertbare Rohstoffe verwandelt werden.

Dies ist ähnlich wie bei der Photosynthese von Pflanzen, deren stetig wachsendes Grün von Anfang an die Umwelt reinigt, die Ressourcen vergrößert und so eine Parallele zur Evolution der Erde ist. Diese befand sich im Zustand völliger Entropie, bis die Syntropie zu wirken begann und die Verunreinigungen der Erde in riesige Bodenschätze verwandelte und die Erde reinigte, sodass hier hoch entwickelte Wesen leben konnten.

Dass die Menschheit das Ergebnis der Syntropie in Form von Steinkohle, Erdöl und anderen Rohstofflagern nutzen kann, ist der Beweis für das Funktionieren der Syntropie. Massenproduktion und -konsum, der gigantische Energieverbrauch und die Verwendung unzähliger chemischer Stoffe haben wiederum zum Anwachsen der Entropie geführt.

Um die gegenwärtige, gefährliche Lage umzukehren, ist eine syntropische Technologie nötig. Einst waren es die Mikroorganismen, die den Fortschritt in Richtung Syntropie unterstützt hatten. Diejenigen Mikroorganismen, die den heißen Erdball, der von Methangas, Ammoniak, Kohlenwasserstoff und Stickstoffgasen umgeben war, syntropisch voranbrachten, waren große Liebhaber von Schmutzstoffen, einige nutzten sogar Radioaktivität als Energiequelle.

Als Schlussfolgerung lässt sich festhalten, dass am Ende unseres Versuchs- und Irrtumsprozesses ein Komposit namens EM stand, das zu einer Einheit von Mikroorganismen syntropischen Charakters geworden ist.

Die den Hauptbestandteil von EM bildenden Photosynthesebakterien verfügen über ein spezielles elektronisches Kommunikationssystem und produzieren neben Ubichinonen verschiedene andere Antioxidantien. Wenn man Photosynthesebakterien in Ton einarbeitet und unter Ausschluss von Sauerstoff bei hohem Druck über 1000 Grad Celsius brennt, werden sie im Ton festgehalten, ohne dass ihre Information verloren geht. Wird dann unter dieser Bedingung Nahrung beigefügt, trifft ultraviolettes Licht oder starke Sonnenstrahlung darauf, werden sie revitalisiert.

Allgemein ist man der Überzeugung, Organismen müssten bei Temperaturen über 100 Grad Celsius absterben. Daher ist für viele allein schon die

Tatsache unbegreiflich, dass kürzlich Mikroorganismen aufgespürt wurden, die noch bei Temperaturen von 900 Grad Celsius und mehr zur Kultivierung geeignet sind.

In EM leben Photosynthesebakterien und Mikroorganismen alten Typs gemeinsam mit den nützlichen Fermentationsbakterien, die wiederum die Aktivität der »alten« Photosynthesebakterien anregen. Überall, wo EM ausgebracht wird, verschwindet jegliche Verschmutzung, sodass die Umwelt in jeder Hinsicht eine Wiederbelebung erfährt. Das ist die Welt der Syntropie.

Betrachtet man die gegenwärtige Lage von Wissenschaft und Technik, dann wird es solange keine Zukunft für unseren Erdball geben, wie unser kreativer Geist den Gedanken der Syntropie nicht aufgreift und an der alten Vorstellung der Entropie festhält. Es ist zwar wichtig, die Erfahrung und Lehren der Vergangenheit zu ehren, aber wenn diese Gedanken in festgefahrenen Bahnen verlaufen und sich zum falschen Vorbild wandeln, führen sie dazu, dass sie dem Fortschritt und der Entwicklung im Weg stehen. Nutzlose Kämpfe werden uns Menschen dann auf den Weg der Vernichtung führen. Wir müssen uns klar machen, dass wir zum gegenwärtigen historischen Zeitpunkt vor einem Scheideweg stehen.

Schaffung einer Gesellschaft auf der freiwilligen Basis von Koexistenz und Koprosperität
Wenn man sich einer neuen Herausforderung stellen will, ist der erste wichtige Schritt, den Egoismus abzustreifen. Dies haben die Freiwilligenbewegungen in der derzeitigen Gesellschaft geschafft. Oft hört man, in Japan mangele es am Geist der Freiwilligkeit; diesem wurde jedoch in jüngster Zeit gesetzliche und gesellschaftliche Anerkennung zuteil. Viele NGOs (non-government organisations – unabhängige Vereine und Gruppierungen) und NPOs (non-profit organisations – gemeinnützige Organisationen) sind aktiv geworden, sodass auch in Japan die Zahl der Freiwilligen rapide zunimmt; diese Menschen untermauern ihr berechtigtes gutes Gewissen mit nützlichen Aktivitäten auf gesellschaftlicher Ebene.

Es wurde allgemein mit großer Verwunderung vermerkt, dass nach dem großen Hanshin-Erdbeben bei Kobe 1995 fast keine Diebstähle auftraten, und auch die rasche Erholung der Städte von den Schäden galt als bewundernswert. Dahinter steht etwas, auf das wir Japaner sehr stolz sein können: Das Gefühl füreinander da zu sein, wenn es ein Problem gibt.

Nach dem großen Erdbeben in Taiwan sandten wir ein EM-Team vor Ort, das vor allem im hygienischen Bereich Hilfestellung leistete. Wir luden aus unseren Produktionsanlagen zwei Tonnen EM 1 und 400 Liter Melasse, Fermentationstanks (sechs Stück à zwei Tonnen) auf Lastwagen und sandten das Ganze in das Erdbebengebiet der Stadt Chushan. Dort bekamen wir Wasser von Tankwagen für die Herstellung von EM-A, das dann mit Autos verteilt wurde. Die Abwassergräben im betroffenen Gebiet waren derart durch Nahrungsreste und Fäkalien verschmutzt, dass ein beißender, fauliger Geruch erhebliche Schwierigkeiten bereitete. Als dann das EM-Team Erklärungen zur Anwendung von EM gab, arbeiteten alle kooperativ und freudig mit, sodass über 1000 Tonnen ausgebracht wurden, und ich denke, das meiste davon sinnvoll. Als Anerkennung für unsere geleisteten Dienste suchte uns nach dem Erdbeben eine hauptsächlich aus Frauen gebildete Gruppe im EM-Forschungszentrum in Okinawa auf, um sich persönlich zu bedanken.

Wir hatten auch zum Ort des Hanshin-Erdbebens eine EM-Freiwilligengruppe gesandt, die sich vor allem um die Hygiene der sanitären Anlagen kümmerte. Leider waren damals unsere organisatorischen Fähigkeiten noch nicht soweit wie heute, und wir waren noch nicht in der Lage, so schnell und effizient wie später in Taiwan zu arbeiten. Diese bittere Erfahrung war Anlass für das Entstehen eines internationalen EM-Freiwilligenteams, das nun prompt reagieren kann.

Als die taiwanesische Regierung mit eigenen Augen die Erfolge von EM sehen konnte, entschied sie, EM zur Lösung von Hygiene- und Umweltproblemen anzuwenden, und wir sollten daran aktiv mitarbeiten. Ich bin überzeugt, dass wir als EM-Freiwillige uns in Zukunft dort formieren und tätig werden können, wo Behörden nichts ausrichten können. Wir werden dann wirksam und zu niedrigen Kosten gute Arbeit leisten und damit in vielen gesellschaftlichen Bereichen große Bedeutung erlangen und mit Sicherheit die stärkste Kraft bei der Veränderung der Gesellschaft darstellen.

»In der Welt von morgen werden die Freiwilligen eine große gesellschaftliche Kraft darstellen und zur Triebfeder der Veränderungen werden.« Diese Prognose konkretisiert sich bereits in Amerika, wo die Marke von einer Million NPOs durchbrochen wurde und deren Zahl schnell zunimmt. Es heißt sogar, dass der Sektor der NPOs die amerikanische Hochkonjunktur unterstützt; ganz grob gerechnet, können wir pro Einheit mit fünf Aktivisten rechnen, das ergäbe eine Gesamtzahl von fünf Millionen Freiwilligen.

Die NPO-Freiwilligen können mit ihren Aktivitäten nutz- und gewinnbringend arbeiten. Obwohl ihnen Gewinnstreben verboten ist, wird aner-

kannt, dass sie zum Erreichen ihrer jeweiligen Ziele Einkünfte erzielen müssen. Darüber hinaus sind sie laut Gesetz von der Steuer befreit. »EM-Technology« ist seiner juristischen Form nach eine NPO.
So weit sind wir in Japan noch nicht. Im Januar 1998 haben wir durch EM unter der japanischen Form einer juristischen Person einer NPO die Gesellschaft »Globales Umwelt-Netzwerk – Gemeinsam Leben« gegründet, die zum Ziel hat, mit EM die Welt zu verändern. Über die Aktivitäten habe ich bereits in Kapitel 1 berichtet.

Mit dem Willen zur Veränderung die Welt verändern

Ich denke, heute sind nicht wenige der Meinung »wenn es so bleibt, ist es ja gut.« Nur: Das Erste, was verändert werden muss, ist die auf dem Konkurrenzprinzip beruhende Gesellschaftsstruktur. Solange die nicht zerschlagen ist, wird nichts die Welt verbessern. Aber wie will man solch eine Zerschlagung bewerkstelligen?

Theoretisch bestünde die Möglichkeit, entweder mit überwältigender wirtschaftlicher Kraft die Initiative zu ergreifen oder die politische Führung zu übernehmen. Dazu bräuchte man einen langen Atem und den entsprechenden Zeitraum, und auch dann wäre man sich des Erfolgs nicht sicher. Diese Unwägbarkeiten haben bei vielen ein Gefühl der Blockade in gesellschaftlichen Fragen hervorgerufen.

Die Ziele von Politik und Wirtschaft sind weder Kriegsführung noch diktatorische Herrschaft. Unsere Zeit verlangt von Politik und Wirtschaft, dass die ganze Welt in gemeinsamem Wohlstand existieren kann. Die gemeinsame Währung der EU, der globale Standard, die WTO und andere internationale Zusammenschlüsse bemühen sich, mit Hilfe der Informationstechnologie, eine gemeinsame Richtung einzuschlagen. Eine solch hochgradige Umstrukturierung ist in unserem bisherigen historischen Begriffsapparat nicht vorgesehen.

Viele Menschen mit Herz und Verstand in den Industrienationen sind sich dessen bewusst und bemerken beim Wandel von der alten zur neuen Gesellschaft, wie die alten Gesetze und Vorgehensweisen immer kraftloser werden. Sie wissen, dass durch diese Verzerrungen gesellschaftliche Fehlentwicklungen verstärkt werden, und machen sich Gedanken über eine Lösung.

In Amerika und anderswo sind in den letzten Jahren viele NGOs und NPOs entstanden, die zunehmend positive Einflüsse auf die internationale Politik und auf die einzelnen Regierungen ausüben. Zudem beginnen sie, erste große Veränderungen in den Gesellschaften zu erzielen. Inmitten aufgeblähter und unverständlicher Gesetze und politischer Strukturen hatten die Menschen mehr und mehr das Gefühl der Hilflosigkeit. Verordnungen verfingen sich in Widersprüche, was die Menschen noch unglücklicher machte.

Wenn Gesetze und Verwaltung rein gar nichts mehr bewirken können, bemerkt die Bevölkerung rasch, dass es sie weniger Mühe und Geld kostet, etwas spontan und kreativ selbst in die Hand zu nehmen, als ständig weiter die Behörden um etwas zu bitten.

Mit der Verwendung der EM-Technologie wird jede Form einer Freiwilligenaktivität freudig ausgeführt, und es fällt dem Einzelnen die Verfolgung seiner Ideale viel leichter. Wir als EM-Forschungsorganisation und EM-Verbreitungskooperative unterstützen überall solche Freiwilligengruppen, damit diese Aktivitäten noch breitere Resonanz finden.

Über Religion, Politik und Ideologie hinaus
Wie bereits berichtet, hat die pakistanische Revolutionsregierung, eine Militärjunta, konkrete Maßnahmen ergriffen, um EM im ganzen Land zu verbreiten. Als Bindeglied kam ein vom Staatsfernsehen gesandtes Team zur Recherche nach Japan und suchte nach abgeschlossener Arbeit auch mich in Okinawa zu einem Interview auf.

»Wir sind von Japan und der EM-Technologie ganz begeistert. Pakistan aber ist arm, das Bildungsniveau ist niedrig, der Unterschied zwischen Arm und Reich beträchtlich; das sind alles Fragen, die der Politik Kopfzerbrechen bereiten. Was wäre zu tun, damit auch unser Land eines Tages so wie Japan werden könnte? Bitte senden sie dem pakistanischen Volk eine entsprechende Botschaft.«

Meine Antwort lautete folgendermaßen: »Haben Sie alle die Fernsehserie ›Krankenvisite‹ (von pakistanischen Fernsehkritikern sehr gelobt) gesehen? Gleich nach dem Zweiten Weltkrieg, also vor etwa 55 Jahren, war unsere Situation hier etwa die gleiche wie bei Ihnen heute. Japan hatte alles im Krieg verloren, die althergebrachten Verbindungen und gesellschaftlichen Fesseln waren abgeschnitten. Aber nach dem Motto ›über die Erziehung das Land wieder aufrichten‹ wurde in jeder Präfektur zumindest eine Universität eingerichtet. Wenn es einem Land besser gehen soll und Schwierigkeiten zu überwinden sind, bedarf es eines kompletten Erziehungssystems. In der gegenwärtigen Situation Pakistans fiele es dem Land schwer, den gleichen Weg wie Japan gehen zu können. Aber mit Hilfe der EM-Technologie muss es nicht hinter den entwickelten Ländern herjagen und kann sich aus eigener Kraft hocharbeiten. Dafür müsste EM nicht nur in der Landwirtschaft, sondern in jedem Bereich des menschlichen Lebens konsequent eingesetzt werden. Mit dem Anwachsen der landwirtschaftlichen Produktion wird die Umwelt schöner, die Krankheiten werden weniger, Armut und Streitigkeiten gehen fast vollständig zurück.

Zunächst muss das Erziehungswesen aufgebaut werden. Hierbei sollten die drei grundlegenden Regeln überall Anwendung finden:

1. Eigenverantwortlichkeit;
2. einen Beitrag zur gesellschaftlichen Entwicklung leisten;
3. Freiwilligkeit.

Alles, was um einen herum an Gutem oder Schlechtem geschieht, liegt in der eigenen Verantwortung: Der Schutz der Gesundheit und der Umwelt sind Eigenbeiträge zur Gesellschaft. Freiwillige sollten Personen in schwächerer gesellschaftlicher Position unterstützen, um sie an stärkere Positionen heranzuführen, damit auf diese Weise die ganze Gesellschaft gestützt wird.

Wenn wir mit einer solchen Einstellung handeln und einander helfen, bauen wir das Fundament des Fortschritts. Zunehmende Zufriedenheit des Einzelnen bereichert das ganze Land. Zum Glück wird dies alles von der Revolutionsregierung verstanden. Wir bieten zur Realisierung dieser Ziele unsere vollste Unterstützung an.«

Es ist nicht einfach, Religionen und Ideologien zu übertreffen. Dazu bedarf es einer Kraft, die mehr Menschen glücklich macht als jetzige Religionen und Ideologien. Wir müssen auf ein Niveau gelangen, wo letztlich Religion und Politik unnötig sind. »Die Menschheit retten« – mit dieser These sind seit Jahrtausenden unzählige Religionen aufgetreten. Wenn man das mit zynischem Blick betrachtet, so überwiegt die Zahl der Opfer der durch die Religionen ausgelösten Kriege und Auseinandersetzungen bei weitem diejenige, die tatsächlich »gerettet« worden ist. Religion hat nie die Rolle gespielt, die sie sich zugedacht hatte.

Das Gleiche gilt für Politik und Ideologien, die nur die Herrschaft über die Köpfe der Menschen anstreben. Dabei muss man nicht einmal vom Marxismus-Leninismus sprechen, auch in der Wissenschaft werden die Köpfe kontrolliert. Für eine zukünftige Form der Gesellschaft der Koexistenz und gemeinsamer Prosperität muss diese Bewusstseinskontrolle des Einzelnen überwunden werden, damit er für den anderen, die Gesellschaft und die Umwelt leben kann. Dafür ist die positive Einstellung der Freiwilligen mit ihrer Selbstverantwortung und ihrem Willen zum gesellschaftlichen Beitrag unerlässlich.

Unser Standpunkt, die wir für den Einsatz von EM in der Welt eintreten, ist überreligiös, überpolitisch, überökonomisch, überwissenschaftlich und überideologisch. Betrachtet man diese Haltung aus der gewohnten Blickrichtung, wird man versuchen, alles, was mit Religion und Politik zusammenhängt, auszuschalten. Dies ist aber nicht unsere Absicht. Wenn z.b. eine religiöse Gemeinschaft wegen EM anfragt, antworten wir nicht, dass EM überkonfessionell ist und keinen religiösen »Anstrich« verträgt, sondern sagen: »Bitte wendet es so an, wie es der Realisierung eurer Ideale am besten dient.«

Das gilt auch für Nordkorea. Mit der Verwendung von EM hat dieses Land seine Versorgungskrise gemeistert und sich dem wahren Sozialismus verschrieben. Dafür kann es meiner vollen Unterstützung sicher sein.

Das Gute vermehrt sich und wird die Zukunft wieder erblühen lassen
Menschen organisieren sich, um einem festen Ideal zu folgen. Irgendwann hört die Entwicklung auf und das Handeln folgt einer Schablone, alles verhärtet sich, und trotzdem honorieren wir diese Ideale und Ziele der Menschen, egal welcher Religion oder politischer Richtung sie angehören. In der Verfolgung ihrer Ziele handeln sie oftmals völlig selbstlos. Dabei helfen wir mit EM.

Die Lösung einer großen Aufgabe steht uns noch bevor, nämlich der vollständige Ausbau des Versorgungssystems mit EM. Mit der weltweiten Verbreitung von EM steigt auch der Bedarf. Wir hatten von Anfang an nicht die Absicht, die Preisbestimmung in eigener Regie zu handhaben und uns so zu bereichern. Von Anfang an meinten wir, alle Menschen sollten an den Vorteilen von EM teilhaben können.

Produktion, Verkauf und Preis von EM werden nicht ökonomisch bestimmt, seine Verbreitung wird über den Preis erleichtert. Wir verkaufen EM, EM-X und EM-Keramik als normales Handelsprodukt. Menschen, die für die EM-Bewegung Verständnis haben und diese Bewegung voranbringen wollen, sind auch für den Handel zuständig. Es ist zwar kein nennenswerter Gewinn zu erwarten, wir möchten aber denjenigen, die einen Beitrag für die Gesellschaft und freiwillige Arbeit leisten wollen, als Unterstützung ihrer Tätigkeiten den Handel mit EM-Produkten übertragen.

Dort, wo der gesellschaftliche Nutzen gering und der Verkauf schleppend ist, oder viele Beschwerden von Kunden vorliegen, stellen wir den Verkauf sofort ein. Die Grundlage der EM-Bewegung ist der echte Graswurzel-Geist; man hat eine gemeinsame Technologie, handelt aber aus Eigenverantwortung. Der so genannte Sinn des Lebens und der Beitrag für die Gesellschaft, die Gesundheit des Einzelnen und der Familie, die Kommunikation von Mensch zu Mensch, kurzum alles, womit man einen »Gewinn« im Leben erzielt, ist nicht mit Geld zu kaufen.

Wichtiger als die Frage, ob man mit EM ein Geschäft machen kann oder nicht, ist, ob man damit seinen Beitrag für die Gesellschaft leistet. Wir sagen nicht »bitte bringt es an den Mann«, sondern »wenn ihr entschieden habt, es zu eurem Beruf zu machen, sorgt für seine Verbreitung.«

Nehmen wir zum Beispiel Frau Hader aus Österreich. Sie ist Eigentümerin einer Futtermittelfirma, wo sie auch EM verwendet. Sie gewinnt einerseits selbst aus der Verwendung von EM, andererseits zieht auch die Gesellschaft ihren Nutzen daraus. Frau Hader finanziert aus ihrem Gewinn u.a. wissenschaftliche Untersuchungen zur Reinhaltung der Umwelt, hält Vorträge über EM im ganzen Land etc., und dient so der Weiterverbreitung von EM.

Die Idee von EM ist, guten Willen zu verbreiten und eine Gesellschaft von Koexistenz und Koprosperität zu ermöglichen, ohne dass alles von einem Chef dominiert wird. Alle Ideologien und Religionen sind für mich akzeptabel, aber ich kontrolliere sehr streng, ob es Menschen gibt, die EM monopolisieren wollen, um eigenen Nutzen daraus zu ziehen, wodurch sich die Verbreitung von EM verzögern würde.

Über-ideologisch, über-konfessionell, über-parteiisch, über-ökonomisch ist ja verständlich, aber was bedeutet über-wissenschaftlich? Wie erwähnt, folgt die bisherige Technologie den Gesetzen der Entropie; indem EM den Grundsatz der Syntropie voraussetzt, ist es von seiner Basis her über-wissenschaftlich.

Da die EM-Technologie alles in eine Kreislaufwirtschaft einbindet und die Umwelt reinigt, wird es uns mit der »wiedergewonnen Zukunft« beschenken.

Nachwort

Bald wird das 20. Jahrhundert zu Ende sein. Es war ein Zeitalter des Kampfes und der Konkurrenz, d.h. jede Intrige und jede zweifelhafte, für die Zukunft gefährliche Technik gelangte zu zweifelhaftem Ruhm. Zukünftig wird es noch problematischer, einen Krieg zu gewinnen. Schon seit Urzeiten lehrt uns die Geschichte, dass der Krieg sich als letztes Mittel zur Lösung von Streitfragen anbietet.

Alle bisherigen Probleme sind das Resultat von Kampf und Konkurrenz, die wiederum Kriege zur Voraussetzung hatten. Kriegsgründe liegen in fehlender Grundversorgung, in allgemeiner Unzufriedenheit oder in Herrschaftsansprüchen.

Das letzte Jahrzehnt dieses Jahrhunderts brachte das Ende des Kalten Krieges. Wirtschaft und Information werden globalisiert, der freie Informationsfluss nimmt zu; die Probleme werden öffentlich diskutiert und geklärt. Damit sind die Menschen von der Furcht eines neuen Weltkrieges befreit worden und es zeichnete sich langsam die Möglichkeit ab, die jahrtausendealten Sehnsüchte der Menschen zu verwirklichen.

Eigentlich sollte es im nun anbrechenden Jahrhundert so weiter gehen, aber wurde man sich bewusst, dass die Weltbevölkerung auf über sechs Milliarden angewachsen war und wir von der schweren Last der Umweltprobleme aus dem Zwanzigsten Jahrhundert fast erdrückt werden. Alle diese Probleme der Ernährung, Umwelt, Gesundheit, Medizin, Rohstoffe, Energie und der Sozialsysteme bedürfen einer fundamentalen Lösung.

Die EM-Technologie könnte die Rolle eines »globalen Standards« für die Lösung der Probleme der Menschheit spielen.

Seit nunmehr neunzehn Jahren steht diese Technologie im Licht der Öffentlichkeit. Der Kernpunkt, nämlich die Herstellung von Syntropie durch EM, erscheint gefestigt. Das symbolische Ereignis hierfür ist die Lösung der Ernährungskrise in Nordkorea. Bereits im Mai 1997 habe ich im Nachwort meines Buches »Eine Revolution zur Rettung der Erde« geschrieben: Heute, wo sich nach Beendigung des Kalten Krieges neue internationale Strukturen herausbilden, fühle ich mich persönlich nicht mehr von Nordkorea bedroht. Wenn man die Probleme mit Südkorea reflektiert, muss der historische Kontext unbedingt mit beachtet werden. Man sollte hier einander Konzessionen machen und so zu Friedensgesprächen kommen, was nicht zu schwer sein sollte. Der entscheidende Faktor ist hierbei die Entschlossenheit der politischen Führer.

Durch den plötzlichen Tod des Vorsitzenden Kim Il Song war das erwartete Ankoppeln an freiheitliche Gesellschaften und die Chance, in die internationale Gemeinschaft einzutreten, zerstoben. Danach kam es in zwei aufeinander folgenden Jahren zu Überflutungen nie gekannten Ausmaßes. Alle Planungen stockten auf halbem Wege, weitere Unglücksfälle mit erheblichen Folgen häuften sich. Ich kann verstehen, dass es den Nordkoreanern unter diesen Umständen schwer fällt, auf die internationale Gemeinschaft zuzugehen.

Das Volk ist fleißig, das Bildungsniveau überragend; wenn nun auch noch die Selbstversorgung mit Lebensmitteln erreicht sein wird, werden die Stärken des Sozialismus die Nachbarländer in Erstaunen setzen, und das Land wird als Freund der internationalen Gemeinschaft beitreten können.

Am 13. Juni dieses Jahres ist ein Gespräch auf höchster Ebene zwischen Nord- und Südkorea erfolgreich zu Ende gegangen. Wie einige bemerkt haben, spielte bei diesem Treffen das Thema der Nahrungsmittelhilfe keine Rolle. Daraus kann man ersehen, wie falsch die Medienmeldungen über Nordkorea sind. Schauen Sie sich nur die gesunden Gesichter der Nordkoreaner an. Der erfolgreiche Besuch der Dörfer 1999 in Nordkorea wäre ohne die fleißige Kooperation der EM-Gruppe nicht möglich gewesen. Leider wusste niemand davon. Im Juli 2000 findet das G8-Gipfeltreffen auf Okinawa statt. Im Rahmen dieser Konferenz werden durch das Außenministerium etwa 2000 Videokassetten von ungefähr 30 Minuten Länge mit dem Thema »Führende Spitzentechnologie aus Okinawa« an die ausländischen Reporter verteilt werden. Präsident *Putin* wird die Stadt Gushikawa besuchen, die in ihrer Verwendung von EM bei der Entwicklung der Stadt weiter als andere Kommunen Japans vorangeschritten ist. Ich erwarte hiervon einen weiteren Impuls für die EM-Aktivitäten in Russland.

Es ist ein großes Glück, dass wir am Ende des Zwanzigsten Jahrhunderts von der »verlorenen Zukunft« zur »wiedergewonnenen Zukunft« vordringen konnten. Dies war nur durch die unermüdliche Hilfe der vielen EM-Freiwilligen möglich, wofür ich mich an dieser Stelle noch einmal bedanken möchte.

7. Juli 2000   *Teruo Higa*

Biographische Notizen

Teruo Higa
Professor für Gartenbau an der Universität von Ryukyus, Abteilung Landwirtschaft, geboren am 28. Dezember 1941 in Okinawa, Japan. Diplom (grad.) an der Landwirtschaftlichen Fakultät, Abteilung Landwirtschaft der Universität von Ryukyus und der Kyushu Universität, Promotion an der landwirtschaftlichen Forschungsabteilung.

Prof. Dr. Teruo Higa
1970 Dozent an der Universität von Ryukyus
1972 a.o. Professor
1982 Übernahme seiner derzeitigen Professur
Entdecker von EM, verbringt fast die Hälfte des Jahres im Ausland, um in anderen Ländern die EM-Technologie in der Landwirtschaft und auf anderen Gebieten zu verbreiten.

Veröffentlichte Werke (u.a.):
Die Anwendung von Mikroorganismen in der Landwirtschaft und ihre positiven Wirkungen für eine sichere Umwelt (Nobunkyo 1990)
Eine Revolution zur Rettung der Erde
Eine Revolution zur Rettung der Erde II (Sunmark 1993 und 1994)
EM: Neues Leben aus Küchenabfällen (Sunmark 1995)

Mitautor von:
2000: das wahre Jahrhundert, (PHP Institut 1994)
Mikroorganismen retten unsere Zivilisationen, (Crest Co., Ltd. 1995)
Herausgeber von EM, die Umweltrevolution: Die vollständigste Enzyklopädie – Datensammlung über EM, (Sogo Unicom 1994)
Die industrielle Revolution mit EM: Die vollständigste Enzyklopädie – Datensammlung über EM, (Sogo Unicom 1995)
Comic-Version von Eine Revolution auf der Erde, (Sunmark 1995).

Prof. Higas Positionen:
– Vorsitzender des Exekutivkommittees für die Internationale Verbreitung des natürlichen Landbaus
– Präsident des Asia-Pacific Natural Agriculture Netzwerks

– Leitender Direktor der Stiftung für Earth Environment
– Technischer Berater der Blumenvereinigung in Japan
– Direktor des internationalen Forschungszentrums für natürlichen Landbau
– Wissenschaftlicher Berater bei der Vereinigung zur Reinigung der japanischen Gewässer
– Berater bei der japanischen Gesellschaft für medizinische Laserbehandlung.

Professor Higa hat eine große Anzahl von Positionen in verschiedenen nationalen und präfekturalen Kommittees, z. B. im Prüfungskommittee für den nationalen Wettbewerb »Blumen für die Stadtentwicklung und städtische Bauten«, das vom Ministerium für Landwirtschaft, Forsten und Fischerei und dem Ministerium für Bauwesen gefördert wird.

Informations- und Bezugsadressen

Deutschland:
Garten, Haushalt
MikroVeda
Handelsgesellschaft mbH
Mölleweg 5
D-46509 Xanten
Telefon: 0 28 01/ 34 88
Telefax: 0 28 01/7 17 03
E-Mail: info@olv-verlag.de
Internet: www.mikroveda..de

Landwirtschaft, Umwelt, Forsten
EMIKO – Gesellschaft
für Umwelttechnologie mbH
Geschwister-Burch-Straße 9
D-53881 Euskirchen
Telefon: 0 22 55/95 07 33
Telefax: 0 22 55/95 07 34
E-Mail: brief@emiko.de
Internet: www.emiko.de

Niederlande:
AGRITON
Industriestraat 1-B
NL-8391 AG Noordwolde Fr.
Telefon: 0561 433115
Telefax: 0561 432677
E-Mail: info@agriton.nl
Internet: www.agriton.nl

Österreich:
MULTIKRAFT
Gesellschaft mbH
A-4631 Haiding/Wels
Telefon: 0 72 49/4 62 62-0
Telefax: 0 72 49/4 62 62 23
E-Mail: office@multikraft.at
Internet: www.multikraft.com

Schweiz:
BIONOVA Umwelthygiene
Schöngrund 26
CH-6343 Rotkreuz
Telefon: 041 280 22 11
Telefax: 041 280 55 11
E-Mail: bionova-hygiene@blue-win.ch
Internet: www.bionova-hygiene.ch

Weitere Bücher zu EM

Teruo Higa
Eine Revolution zur Rettung der Erde
Mit effektiven Mikroorganismen (EM) die Probleme unserer Welt lösen

In diesem Buch ist von den erstaunlichen Erfolgen so genannter effektiver und nützlicher Mikroorganismen, abgekürzt EM, die Rede. Es handelt sich um eine Multi-Mikroben-Mischkultur, die von dem Autor des Buches, dem japanischen Agrarwissenschaftler und Hochschullehrer *Dr. Teruo Higa,* in ihrer spezifischen Zusammensetzung gefunden wurde. Der Durchbruch seiner jahrelangen Forschungsarbeit bahnte sich an einem Abend im Herbst 1981 an: Professor Higa räumte wie üblich sein Labor auf, sterilisierte die Werkzeuge und warf alle Mikrobenstämme, mit denen er gerade gearbeitet hatte, zusammen in einen Eimer. Es waren harmlose und unschädliche Organismen, die er für seine Experimente verwendet hatte und man konnte sie bedenkenlos in den Ausguss kippen. Irgend etwas hinderte Professor Higa daran, das zu tun... Letztendlich fand er die »richtige« Mischung. Seitdem geht die EM-Technologie unaufhaltsam mit riesigen Schritten rund um die Welt. **ISBN 3-922201-35-0**

Dr. Shigeru Tanaka
EM-X
Über die heilende Kraft von Antioxidanzien aus Effektiven Mikroorganismen

EM-X ist ein hoch wirksames Erfrischungsgetränk zur Gesunderhaltung und Wiedererlangung der Gesundheit. Es ist speziell für den menschlichen Gebrauch auf der Basis von so genannten Effektiven Mikroorganismen (EM) entwickelt worden.

In der langen Entwicklungsgeschichte der Nahrungsmittelherstellung haben sich bestimmte Mikroorganismen als sicher und nützlich erwiesen. So lassen sich beispielsweise mit Hilfe von Milchsäurebakterien und Hefen verschiedene Vitamine und Milchsäurearten erzeugen. Sauergemüse, Joghurt, Käse und alkoholische Getränke werden unter Verwendung solcher Mikroorganismen hergestellt. Seit frühester Geschichte haben diese biologisch äußerst hilfreichen Mikroorganismen den Menschen begleitet.

Durch Fermentation von Reiskleie und Seetang mit Effektiven Mikroorganismen (EM) nach Professor Dr. Teruo Higa, Okinawa, Japan, wird EM-X als Extrakt gewonnen. Es enthält Antioxidanzien von höchster Wirksamkeit. Zu diesen Antioxidanzien kommen noch zahlreiche Mineralien, Vitamine und bioaktive Substanzen hinzu. EM-X hat daher die Kraft, Kettenreaktionen im Körper zu stoppen, die von aktiviertem, aggressivem Sauerstoff in Gang gesetzt werden. **ISBN 3-922201-41-5**

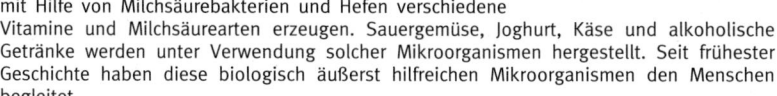